Lorbeer
Literaturverlag

ISBN 978-3-938969-31-1

Schön war's

Eine Kindheit nach dem Krieg

Jutta Gornik

Lorbeer - Verlag
Bielefeld 2014

Für Michael

Kleiner Bruder

Hab aus meinen Augen
dich verloren,
da des Lebens Wege
uns getrennt
Hab aus meinem Herzen
niemals dich verloren
in den vielen Jahren
weit entfernt von dir

Bis ich werd
die Augen schließen
ruht in mir
dein frühes Bild
So wie einst
in Kindertagen
bist für immer du
ein Teil von mir

Inhaltsverzeichnis

Vorwort

Es war schon immer so: Wenn die Alten erzählen, wie es früher war, hatten sie aufmerksame Zuhörer. In unserer Familie war das nicht anders. Eines Tages sagte meine Tochter: „Mama, schreib es doch mal auf". Nun ja, warum nicht? Die paar Seiten! So fing ich an. Je mehr ich mich aber zu erinnern begann, umso mehr stieg aus der Vergangenheit auf, was ich längst vergessen geglaubt. Die Seiten füllten sich rasch, und bald waren es viel mehr als nur ein paar. Es könnten problemlos noch weitere werden, denn immerzu fällt mir noch etwas ein.

Bilder und Erinnerungen, die aus der Vergangenheit auftauchen, halten sich nicht an eine Chronologie. Sie erscheinen wahllos. Aus jedem beliebigen Jahr, und nur selten haben sie einen Zusammenhang oder gar eine Reihenfolge. Das, was ich niedergeschrieben habe, umfasst in etwa einen Zeitraum von acht Jahren.

Es gehört zu dem Geheimnis unseres Gedächtnisses, dass es Erinnerungen geschönt in unser Bewusstsein zurückkehren lässt. Dichtung und Wahrheit. Liegen sie in jeder Rückbesinnung nicht immer ganz nah beieinander?

Jeden Tag weben Eltern in aller Welt an dem kostbaren Zaubergespinst *Kindheit*, das ihr Nachwuchs im Herzen und im Kopf tragen wird, ein Leben lang. Es ist eine unendliche Geschichte der Menschheit.

Neues Geld

Die Währungsreform ist mir einzig wegen dieses besonderen Ereignisses in Erinnerung geblieben: Meine Eltern hatten mir erzählt, es gäbe neues Geld. Unser jetziges Geld hätte schon bald keinen Wert mehr. Man könne dann dafür gar nichts mehr kaufen. Deshalb dürfte ich mir für alles, was noch im Portemonnaie sei, schöne Spielsachen aussuchen. Es stand in Sachsenhausen ein großes Spielwarengeschäft. Dorthin fuhren wir. Ich war sehr aufgeregt, denn üblicherweise bekam ich nur an Weihnachten und Geburtstag Geschenke. Ich dachte, wir könnten den Laden leer kaufen. In dem Spielzeugladen wartete auf mich eine Riesenenttäuschung. Das Geschäft war voller Menschen, in den Regalen aber stand so gut wie nichts mehr. Andere waren auf dieselbe Idee gekommen wie meine Eltern, offensichtlich nur früher. „Überhaupt", meinte eine Verkäuferin, „können sie bei uns heute für dieses Geld nichts mehr haben. Werfen sie es in den Main!" Ich kann mich nicht erinnern, ob sich für mich doch noch etwas finden ließ. Dann war das neue Geld da. 40 Deutsche Mark hatte jeder fürs Erste zur Verfügung. Die Währungsreform soll die kleinen Sparer in Deutschland mit einem Schlag um 93,9 Prozent ihres Geldes gebracht haben! Das habe ich später irgendwo gelesen. Wer hätte damals, am 20. Juni 1948, vermutet, dass die DM sich im Laufe der Jahre zu einer derart stabilen Währung entwickeln würde?! Es war wie ein Wunder. Über Nacht hatten sich die Auslagen der Geschäfte mit verlockenden Angeboten gefüllt. Es gab auf einmal alles, was Herz und Magen begehrten, zu erwerben. Aber noch fast zwei Jahre lang blieben die Lebensmittelkarten gültig. Als sie dann abgeschafft wurden, hatten bereits einige Bürger des Landes ein vormals wenig gekanntes Problem: Übergewicht. In den Zeitschriften stand alsbald zu lesen, wie man überschüssige Pfunde am besten loswerden könnte.

Brot holen

„Lauf“, sagte meine Mutter, „gleich kommt Vati, „dann kannst du bei Latscha Brot holen“. Jeden Freitag war das so. Ich rannte die leicht abschüssige Straße, an der unser dreistöckiges Haus stand, hinab. Nicht ein einziges Auto parkte am Bürgersteig. Zu dieser Zeit waren Pferdewagen noch ein gewohntes Bild. Wenn Ware angeliefert wurde und die Pferde am Straßenrand warteten, hing oft ein Futtersack unter ihren Mäulern. Man hörte dann, wie sie darin wühlten, kauten und schnaubten. Mitunter erhob eines der schwerfälligen Tiere den Kopf und wieherte. Die Zugpferde taten mir immer leid, denn sie mussten bei ihrer Arbeit Scheuklappen tragen. Manchmal durfte ich ihnen ein Stück Apfel geben. Der Kutscher zeigte mir, wie man es macht. „Dreh deine Hand um und streck sie gerade aus. So! Und jetzt legst du auf die Innenfläche das Apfelteil. So! Ganz ruhig halten!“ Ich spürte, wie die warme, feuchte Zunge des Pferdes über meine Hand strich. Dann fühlte ich die großen Zähne und fürchtete sehr, dass mir jetzt gleich die Hand abgebissen würde. Doch da war meine Hand auch schon leer. Die Pferdegespanne gingen niemals spurlos vorbei! Dampfende Pferdeäpfel markierten ihren Weg. Stets kam dann sehr schnell jemand mit Schaufel und Eimer angelaufen, um die Hinterlassenschaft der Vierbeiner einzusammeln. Pferdeäpfel nämlich waren äußerst begehrt. Sie wurden zum Düngen verwendet.

Unsere Straße mündete in eine größere. An der Ecke wartete ich auf meinen Vater. Von weitem konnte ich ihn kommen sehen. Es war 15.30 Uhr. Wie an jedem Freitag. Vater nahm mich zur Begrüßung in den Arm und küsste mich. Dann zog er einen braunen Umschlag aus seiner Tasche. Darin befand sich sein Lohn für eine Woche Arbeit sowie ein langes, vielfach gefaltetes Papierband, die Lohnabrechnung. Vater gab mir eine Mark und sagte. „Komm gleich mit dem Brot nach Hause. Mutti wartet darauf.“

Im Lebensmittelladen musste ich lange anstehen. Freitag war überall Zahltag. Und deshalb waren viele Kunden da. Endlich war ich an der Reihe. Die Verkäuferin reichte mir einen goldbraunen, großen Brotlaib. Soweit ich mich erinnere, wog er drei

Pfund und kostete 98 Pfennige. Ich gab meine Mark und bekam zwei Kupferpfennige zurück, die ich sorgsam einsteckte.
Das Brot duftete köstlich und lockte mit zwei knusprigen Endstücken, die wir Knust nannten. Es gelang mir auf dem Rückweg, fast der Versuchung zu widerstehen. Doch letztlich geschah, was jeden Freitagnachmittag geschah: Erst knabberte ich an der einen Seite, dann an der anderen. Und als ich daheim ankam, hatte das frische Brot keine knusprigen Endstücke mehr. Mutter schimpfte mich aus. Wie jeden Freitag.
Ich war in der Lage, meinen hochbetagten Vater kurz vor seinem Tod noch fragen zu können, wie alt ich gewesen sei, als ich zum Brot holen geschickt wurde. „Sieben Jahre", sagte er und erwähnte, dass damals der Stundenlohn eines Facharbeiters 50 Pfennige betrug. Wenig später, im Sommer 1950, stiegen die Brotpreise gleich um zehn Prozent.

Große Wäsche

Wäsche waschen war eine große Aktion! Wenn Waschtag anstand, kochte Mutter einen großen Topf Erbsensuppe auf Vorrat. Am Abend vor dem Waschtag brachten wir den Wäscheberg in die Waschküche im Keller. Mutter sortierte die Wäsche und weichte die Kochwäsche in dem Waschkessel ein. Am nächsten Tag in aller Frühe machte Vater unter dem Kessel Feuer. Wenn wir Kinder zur Schule aufbrachen, war Mutter schon bei der Arbeit. Sobald ich aus der Schule kam, ging ich in die Waschküche, um mir den Schlüssel zur Wohnung zu holen. In der Waschküche war so viel Dampf, dass ich meine Mutter zuerst gar nicht entdecken konnte. In einem großen Kochkessel lag die familiäre Kochwäsche in der heißen Lauge. Mutter führte einen Stampfer oder einen langen Stab aus Holz und rührte, drehte und stampfte mit viel Kraftaufwand in dem riesigen Kessel. Sie hatte über ihrer Unterwäsche nur eine Kittelschürze an, ein Tuch um die Haare gebunden und ein hochrotes Gesicht. Manchmal wuschen noch andere Frauen mit. Waschen war eine schwere Arbeit, denn die Wäsche wurde auch noch auf einem Waschbrett lange und unter Einsatz von Kernseife mit den Händen geschrubbt. Die Flecken wurden einzeln behandelt. Das Waschwasser musste dann so oft erneuert werden, bis es klar blieb. Danach kamen viele der Wäscheteile zum Bleichen auf den Rasen. Sie mussten immer wieder mit Wasser besprengt und gewendet werden. Zum Schluss wurde die Wäsche im Wasser geschwenkt, abtropfen gelassen und schließlich ausgewrungen. Kurze Zeit später hing sie zum Trocknen auf der Leine. Später gab es eine neue Errungenschaft in der Waschküche: die Schleuder. Sie ersparte das mühsame Auswringen der einzelnen Wäschestücke mit der Hand. Ich liebte es, beim Wäschewaschen dabei zu sein, denn da kamen immer viele Frauen zusammen. Es wurde erzählt und viel gelacht. Vor allem aber wurde geklatscht. Vieles was es zu hören gab, war absolut nicht für Kinderohren bestimmt. Wenn meine Mutter bemerkte wie aufmerksam ich lauschte, klatschte sie in die Hände und rief: „Nun seht euch die Göre an! Hast du oben nichts zu tun? Marsch, ab mit dir!“

Oft sangen die Frauen auch. „So geht die Arbeit leichter von der Hand“, meinte meine Mutter.
Meine Hilfe war beim Aufhängen der Wäsche auf den Leinen hinter dem Haus gefragt. Ich fand es herrlich, wenn der Wind in die Bettbezüge pustete und sie prall aufblies. Mit Glück war noch vor Sonnenuntergang alles trocken. Die Wäscheteile wurden abgenommen und sorgsam gefaltet in einen großen Weidenkorb gelegt. Dann stand die nächste große Arbeit an. Wäsche plätten.
Einige Tage später bezog Mutter alle Betten. Ich ging an diesem Tag ausnahmsweise einmal gern zu Bett. Das frische Bettzeug roch nämlich uvergleichlich gut. Nach Sonne und nach Gras und nach etwas, was ich nicht beschreiben kann. Kein moderner Weichspüler hat diesen Duft bisher getroffen.
Noch heute habe ich die an meine Mutter gerichtete Frage der Nachbarinnen im Ohr: „Frau Hof, wann waschen Sie denn wieder?“ Meine Mutter war nämlich weit hin bekannt dafür, dass es an ihrem Waschtag stets schönes Wetter gab. Deshalb trugen sich immer viele Frauen der Umgebung für diesen Tag in den Waschplan ein, der in jedem Treppenhaus aushing.
Ab den 50er Jahren begann die Maloche in der Waschküche für manche Frau zu enden. Die elektrische Waschmaschine trat ihren Siegeszug durch Deutschland an.

Badetag

Am Wochenende war Badetag. Wir Kinder freuten uns darauf, denn er versprach immer viel Vergnügen. Im Badezimmer war es jetzt wieder einmal mollig warm. Im Badeofen, eine weiße Röhre, die fast bis zur Decke reichte, bollerte das Feuer. Rechtzeitig hatte mein kleiner Bruder seine gefangene Blindschleiche, die er im Aschenkasten des Ofens heimlich einquartiert hatte, umgesiedelt.
Während das Badewasser in die große, weiße Emaille-Wanne gelassen wurde, trugen wir alle wasserfesten Spielsachen, die wir besaßen, zusammen, denn für uns kam zuerst der Badespaß und danach erst kam die Reinigung. Solange wir klein waren, steckte meine Mutter uns beide gemeinsam ins Wasser und ließ uns viel Zeit für unsere Seeschlachten und anderen Wasserspiele. Ab und zu steckte sie den Kopf herein und fragte: „Noch warm genug?" Damit meinte sie natürlich das Wasser. Wenn es abgekühlt war, ließ sie heißes Wasser nachlaufen, nicht ohne vorher zu warnen. „Jetzt mal zur Seite rücken, sonst verbrüht ihr euch". Aber dann nahte leider das Ende der schönen Planscherei. Mutter nahte mit dem Waschmittel für die Haare, Waschlappen und Seife. Auf dem Badehocker legte sie die Trockentücher für uns ab. „Wer will zuerst?" Natürlich wollte keiner von uns zuerst abgeschrubbt werden. Es wurde deshalb ausgezählt. Zuerst kamen die Haare dran. Wenn sie ordentlich geschäumt waren, massierte Mutter gründlich den Kopf. Dann mussten wir ihn nach hinten legen und uns mit einer Hand am Wannenrand festhalten. Mutter mischte das Wasser lauwarm und füllte es in einen großen Behälter. Sie reichte den Waschlappen, mit dem wir die Augen bedeckten. „So, jetzt Kopf weit nach hinten!" Das abgefüllte Wasser floss über die Haare. Die Prozedur wurde so lange wiederholt, bis kein Schaum mehr in den Haaren war. Mit festem Griff fasste Mutter die Haarenden und presste das Wasser heraus. Dann band sie uns ein Handtuch wie einen Turban um den Kopf. „Aufstehen!" Jetzt war der ganze Körper an der Reihe. „Fertig, aussteigen!" Auf dem Boden war es nach unserem Bad immer reichlich nass. In ein großes Trockentuch gewickelt durften wir dann ins Wohnzimmer. Auch dort blubberte in der kalten

Jahreszeit der Ofen. „Sofort Schlafanzug an und unter die Decke!“ Der Schlafanzug war angenehm warm. Er hing über einer Stuhllehne. Den Stuhl hatte meine Mutter nah an den Ofen gerückt.
Wenn wir aus dem Badezimmer verschwunden waren, füllte meine Mutter mit dem Badewasser den Putzeimer und ließ das Wasser ab. Ein hässlicher dunkler Rand blieb in der Wanne zurück. Meine Mutter hatte eine ganze Weile zu tun, bis sie den weggeputzt und den Boden trocken gewischt hatte. Derweil legte Vater im Badeofen nach, damit das Wasser wieder heiß wurde, denn die Eltern wollten später auch noch baden.
Tags darauf war es immer noch schön warm im Badezimmer, obwohl das Feuer längst erloschen war. Dann aber kehrte die Kälte allmählich zurück. Geheizt wurde erst wieder am nächsten Badetag. Da der Aschenkasten wieder leer stand, konnte die heißgeliebte Blindschleiche meines Bruders abermals umziehen.
Mein Bruder Michael liebte Tiere aller Art. Öfter mal brachte er „Viehzeug“, wie es meine Mutter nannte, nach Hause. In der Nachbarschaft entdeckte er einmal eine kleine Schildkröte und schleppte sie an. Meine Mutter versuchte sofort, im ganzen Viertel die rechtmäßigen Besitzer der Freigängerin ausfindig zu machen. Sie kehrte nach längerer Zeit zurück, im Schlepp eine andere Mutter und deren drei Kinder. Die wollten ihren ausgebüxten Liebling heimholen. Nach dem erzwungenen Abschied heulte mein Bruder zum Herzerweichen. Kurze Zeit später durfte auch bei uns ein Tier einziehen. Bobby. Wir waren sicher, dass der blau und weiß Gefiederte unter allen Wellensittichen eine Schönheit war. Bobby bescherte uns viel Freude und viel Arbeit, besonders während seiner Mauser. In seinem ungewöhnlich langen und sorgenfreien Leben vermenschlichte er zusehends. Nachdem ich ihm Sprechen beigebracht hatte, avancierte er zur Attraktion für alle unsere Besucher.

Der Eismann kommt

„Der Eismann kommt!“ Wie ein Lauffeuer verbreitete sich die Nachricht. Aus Häusern, Gärten und Höfen stürmten Jungen und Mädchen auf die Straße, denn es war immer ein ganz besonderes Ereignis, wenn der Eismann an der Ecke unserer Straße Halt machte. Die Männer, die zu dem Wagen gehörten, waren schnell! Als wir ankamen, hatten sie bereits die Ladeklappe an ihrem Lieferwagen geöffnet. Es war heiß, und es tropfte unaufhörlich auf die Fahrbahn. Einer der kräftigen Männer zog mit einem Haken einen der langen Eisbarren hervor, hackte ihn mit mehreren gezielten Hieben in mehr oder weniger große Stücke, je nachdem, was bestellt worden war. Dann hievte sich einer das eisige Teil auf die Schultern, die mit einem Lederschutz bedeckt waren, und brachte es in eines der umliegenden Häuser. Eisblock um Eisblock verschwand vom Wagen. Die Hausfrauen bestückten mit der Lieferung ihren Eisschrank. Einen elektrischen Kühlschrank hatte damals noch keiner. Selbst über einen Eisschrank verfügte längst nicht jede Familie. Zur kühlen Lagerung von Lebensmitteln dienten Keller und Speisekammer.
Manchmal wurde sogar ein ganzer Eisblock zu einem Kunden geschleppt. Unser Lebensmittelhändler beispielsweise brauchte so viel Eis. Beim Anliefern kam der Träger ganz schön ins Schwitzen. Denn, das ist ja mal klar, Eis zur Kühlung wurde in der wärmsten Jahreszeit benötigt, im Sommer. In meiner Erinnerung sind die Sommer in meiner Kindheit ganz ordentlich warm gewesen.
Die Eismänner hatten uns bei ihrer Arbeit genau im Auge. Sie wussten auch, worauf wir lauerten. Damals hatten alle Erwachsenen Kinder gern, und so hackten die Eismänner die Eisblöcke mit Absicht so, dass dabei viele kleine Stücke für die wartende Kinderschar im wahrsten Sinne des Wortes abfielen. War das ein Gerangel um die durchsichtigen Kostbarkeiten! Weiß der Himmel, wie es immer klappte, dass jedes Kind ein Eisstückchen ergattern konnte!
Dann schlugen die Männer die Ladeklappe zu, und gleich danach holperte der Wagen tropfend davon. Er zog eine Spur aus Wasser hinter sich her. Wir Kinder saßen dann auf einem Mäuer-

chen oder einer Bordsteinkante und lutschten voller Genuss an unserem Eissplitter. Der war so kalt, dass es gar nicht so einfach war, ihn festzuhalten. Und die Zähne schmerzten beim Lutschen. Aber er schmeckte unbeschreiblich köstlich. Nicht mal das beste Eis aus der heutigen Eisdiele könnte mit ihm konkurrieren! Nur das Brausepulver aus den kleinen Tütchen, das wir gerne lutschten und das so schön im Mund bitzelte, reichte an den Hochgenuss, den das abgeschlagene Eis bescherte, heran.

Einkaufen

„Geh mal rasch einkaufen!“ Meine Mutter gab mir eine Geldbörse und einen Einkaufskorb. Manchmal kam noch ein Netz dazu. Im Portemonnaie war nicht nur das Geld, sondern auch ein Zettel, auf dem geschrieben stand, was ich besorgen sollte. Der kleine Laden war gleich um die Ecke. Er wurde von einem alten Ehepaar betrieben. Klingklang machte die Türglocke, wenn ein Kunde eintrat. Das hörte der Inhaber auch, wenn er beispielsweise hinten im Lager war. Der Ladenbesitzer hieß, wie auf dem Ladenschild stand: Altmann. Und er machte seinem Namen Ehre. Immer trug er einen grauen Kittel, Ärmelschoner und einen Bleistiftstummel hinter dem Ohr. Bereits sein Vater hatte den Laden betrieben.

„So, du willst also für die Mutti einkaufen, brav!“ Das sagte er immer und wartete, dass ich ihm die Geldbörse reichte. Er entnahm ihr die Einkaufsliste und ging ans Werk. An der Wand hingen, auf einen langen Nagel aufgespießt, braune, spitz endende Papiertüten. Es gab sie in verschiedenen Größen. In sie füllte Herr Altmann mit einer Schütte Mehl, Zucker, Grieß und vieles mehr. Er gab dann die Tüte auf die Waage und füllte mit kleinen, zuckenden Bewegungen der Hand nach, wenn das gewünschte Gewicht nicht erreicht war. Herr Altmann hatte aber ein so gutes Gespür für Gewichte, dass es meist auf Anhieb stimmte, was er eingefüllt hatte. Und auf ein paar Gramm kam es ihm niemals an. In einem großen Glasbehälter lagerten saure Gurken, Rollmöpse und Soleier. Das Gemüse und Obst war natürlich lose. Brot hatte er keins. Dafür gab es den Bäcker ein paar Häuser weiter. Auch die Milch wurde woanders gekauft. Die Eier lieferten die Hühner von Opa Nuß, der neben unserem Haus in seinen Garten ein gackerndes Völkchen hielt. Alles, was er für meinen Einkauf zusammengetragen hatte, legte Herr Altmann in den Korb und notierte sogleich hinter der Position auf meinem Einkaufszettel den Verkaufspreis.

Wenn alles beisammen war, zählte er zusammen und notierte den Endpreis. Den tippte er auf die großen runden Tasten an seiner Kasse. Die Summe erschien oben an der Kasse. Dann drehte Herr Altmann seitlich an einer Kurbel, es klingelte und die Geldschublade sprang auf. Aus meiner Geldbörse nahm er nun Geld, sortierte es in die Fächer seiner Kasse ein und entnahm laut zählend das Wechselgeld, das er in das Portemonnaie tat, welches er sodann in den Einkaufskorb legte. Nun schob er die Geldschublade zu und reichte mir den Korb.

„Hier, mein Kind." Zum Schluss kam das Schönste: Genau neben der Kasse befand sich ein schräg stehendes Glas mit einem Deckel. Darin lockten klebrige Bonbons in vielen Farben. Otto Altmann hob den Deckel ab und fuhr mit seiner knochigen Hand in das Glas, um zwei oder drei Bonbons für mich herauszuholen. Er legte sie in meine Hand und sagte dabei: „Grüß die Mutti schön." Artig antwortete ich „Danke, Herr Altmann." Die Türglocke ging wieder, als ich den Laden verließ.

Später gab es dann etwas Neues in unserer Gegend. Einen rollenden Gemüsewagen.

Es handelte sich dabei um ein Auto mit Ladefläche. Hinten hatte es zwei Räder, vorne befand sich nur ein Rad. Auf der Ladefläche waren Obst und Gemüse gestapelt, und es gab dort auch eine Waage sowie eine Kasse. Das Gefährt ratterte fürchterlich laut und verbreitete schrecklichen Gestank. Wenn es in die Kurve ging, sah es aus, als kippte es gleich um. Manche Leute waren froh, dass sie frische Ware nun fast bis in die Küche geliefert bekamen. Dieser Komfort hatte natürlich seinen Preis. Meine Mutter hielt von der Sache nichts. Wir kauften weiter bei Otto Altmann ein, der viele Extras anbot. So konnte bei ihm beispielsweise angeschrieben werden. Dazu gab es eine große Tafel, auf der tatsächlich Namen und geschuldeter Betrag sowie das Kaufdatum mit Kreide notiert wurden. Gegen Monatsende füllte sich regelmäßig die Tafel. Nach Begleichung der Schuld, wischte Otto Altmann das Betreffende einfach weg. Am Wochenanfang stand dann meist nicht mehr viel auf der Tafel.

Es war Gang und Gäbe, Vergessenes nach Ladenschluss oder an Sonn- und Feiertagen einzukaufen. Das hieß „hinten rum einkaufen". Dazu brauchte man nur an der Privatwohnung der Altmanns zu klingeln. Eigentlich war immer jemand da, und es wurde freundlich bedient.

Für Backwaren gab es einen Bäcker. Später konnte man Brot auch in neu aufkommenden Lebensmittelmärkten kaufen, bei

Latscha oder noch etwas später im Konsum, der um drei Ecken an der Hauptstraße eröffnete und der dem alten Altmann das Überleben schwer machte. Brötchen gab es nur selten bei uns. Sie kosteten vier Pfennige das Stück und waren absolute Leckerbissen. Der Festtag für den Gaumen kam selten, aber überraschend. Dann, wenn absolut niemand damit gerechnet hätte, weil nämlich fast kein Geld mehr da war. „Mäuschen, komm mal her“, sagte meine Mutter zu mir und kramte dabei im Münzenfach ihres Portemonnaies. „Hol mal vier Brötchen und 100 Gramm Kalbsleberwurst für uns.“ Die Besorgung war in einem Gang zu erledigen. Zum Bäcker ging man die eine Tür rein, zum Metzger die gegenüber liegende. Die frischen Brötchen dufteten verführerisch. Sie waren knusprig, hellblond und ohne Luft im Inneren. Beim Metzger war ein wahres Schlaraffenland aufgebaut. Mit einem großen Messer nahm die dicke Frau des Metzgers, die eine ehemals weiße Schürze trug, auf der sie sich immer die Hände abwischte, über einem großen Stück Leberwurst Maß, kniff dabei ein Auge zu und schnitt dann mit einem Streich ein Stück ab, legte es auf einem Stück Papier auf die große Waage. Es waren fast immer genau 100 Gramm. Selten habe ich später etwas gegessen, was köstlicher mundete, als unsere Brötchen mit Kalbsleberwurst an Ultimo. Eines Tages bot der Metzger auch heiße Fleischwurst an. Eine gewünschte Menge wurde von einem Kringel abgeschnitten, ausgewogen und in einen silbernen, viereckigen, länglichen Siedekessel gegeben. Wenn der Deckel dann nach einer Weile abgenommen wurde, um die heiße Wurst heraus zu holen, erfüllte ein Duft, der mir immer das Wasser im Mund zusammen laufen ließ, das ganze Ladenlokal. Ich liebte Fleischwurst! Wie fast alle Frankfurter. Wenn meine Mutter einmal einen Ring kaufte, blieb nach dem Aufteilen immer nur ein kleiner Teil für uns Kinder übrig, denn Vater bekam natürlich den Löwenanteil. Und weil das jedes Mal so war, wünschte ich mir zu einem meiner Geburtstage einmal einen Kringel Fleischwurst. Ganz für mich allein.

Für frische Milch gab es in der Nähe von Bäckerei und Metzgerei eine Verkaufsstelle. Das war nur ein Kabuff mit einem Holzbrett davor, das hoch und runter geklappt werden konnte. Wir Kinder wurden regelmäßig zum Milch holen geschickt.

Dazu bekamen wir eine Milchkanne. Sie bestand aus Aluminium, hatte einen Tragbügel, der durch einen Griff aus Holz verstärkt war. Dazu hatte es früher einmal einen Deckel gegeben. Irgendwie und irgendwann war der aber spurlos verschwunden. In unsere Kanne passte ein Liter. Mit der Zeit hatte die Kanne viele Dellen bekommen. Wenn mein kleiner Bruder zum Milch holen geschickt wurde, wickelte meine Mutter ihm das Geld in ein Stück Papier, damit er es nicht verlöre. Es war streng verboten, unterwegs an der Milch zu naschen. Wir hielten uns daran, denn unsere Mutter konnte ganz schön böse werden, wenn wir nicht gehorchten. Auf dem Heimweg war Milch schleudern angesagt. Dazu musste die Kanne gleichmäßig und schnell in einem großen Kreis geschwungen werden. Wenn man es richtig machte, ging kein Tropfen dabei verloren. Meine Mutter füllte daheim die Milch in ein irdenes Gefäß und stellte es in die Speisekammer. Die befand sich hinter der Küche, nur durch eine Tür getrennt. In der Speisekammer standen viele Regale aus Holzlatten, auf denen unsere Vorräte lagerten. Unser kühler Ort für die Aufbewahrung vieler Lebensmittel war der Keller oder diese Speisekammer. Sie konnte abgeschlossen werden. Meine Mutter machte von dieser Möglichkeit häufig Gebrauch. Mit Sicherheit dann, wenn sie den gerade fertig gebackenen Kuchen zum Auskühlen dort abgestellt hatte. Die Speisekammer war aber nicht immer verschlossen, weil es sehr umständlich gewesen wäre, etwa beim Kochen, wenn vieles aus der Speisekammer benötigt wurde, immer auf- und zuschließen zu müssen. Daher gelang es uns immer wieder an die leckere, süße Milch zu gelangen, ohne dass das auf den ersten Blick sichtbar wurde. Über der Milch bildete sich nämlich eine Schicht, die wir vorsichtig mit einem Strohhalm durchstachen und dann darunter von der Milch stibitzten. Jedes Mal setzte es Schimpfe nach der Freveltat. Doch wir konnten einfach nicht widerstehen. Es geschah mitunter, dass die Milch umkippte, wie das genannt wurde. Besonders, wenn ein Gewitter im Anmarsch war, geschah das. Dann warteten wir, bis aus der frischen Milch Dickmilch geworden war. Gegessen wurde die zu Pellkartoffeln. Wir liebten dieses Gericht. Noch mehr aber liebten wir die frische Milch. Ich denke, es würde mir nicht gelingen, ihre Köstlichkeit auch nur annähernd zu beschreiben.

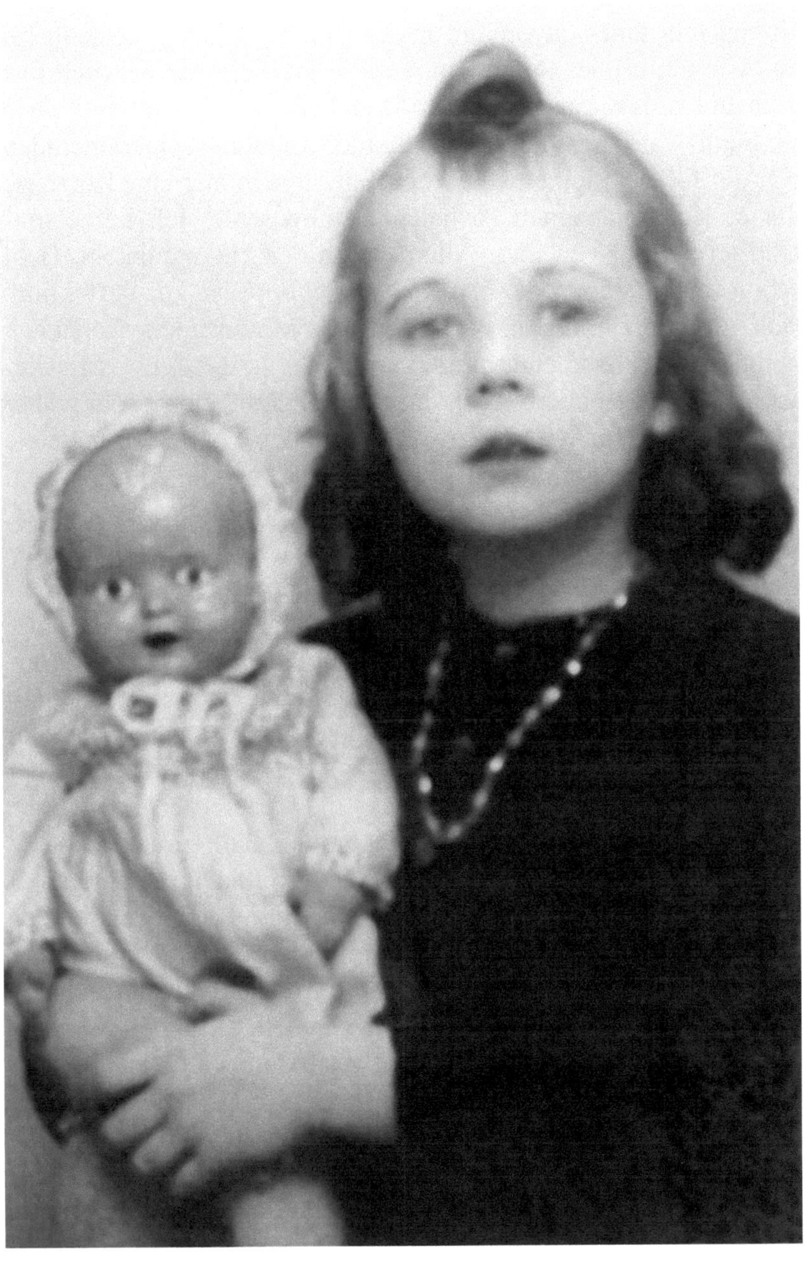

Spiel und Spaß

Es gab erst wenige Automobile in unserem Stadtteil. Ganz selten einmal fuhr eines davon auf unserer Straße. Die war deshalb für uns wie ein großer Spielplatz. Unsere Freiheit war wirklich fast grenzenlos. Ich war als kleines Mädchen ein „Straßenkind“, wie es mein Vater nannte. Einer meiner Lieblingsspielkameraden war der Gräuel meiner Mutter. Er hatte fast immer eine Rotznase, die er sich mit seinen Ärmelenden abwischte. Ich liebte ihn! Und lernte viel von ihm. Allem voran den Heimatdialekt. Bald schon brachte ich es als *Frankforter Schlippsche* zur Perfektion. Das gipfelte darin, dass mich meine Mutter nicht verstehen konnte und Umstehende fragte: „Was hat sie gesagt?“ Mit diesem Ausbund an allem Übel verbrachte ich die meiste Zeit. Aber meine Spielfreunde daneben waren reich an Zahl. Man hätte sie wie die Orgelpfeifen aufbauen können. Ja, was spielten wir und womit spielten wir früher? Spiele mit dem Ball waren beliebt. Wenn niemand da war, spielte man alleine. Etwa an der Hauswand, was streng verboten war und was immer wieder Ärger bescherte. Die Jungen spielten natürlich Fußball. Ihr Geschrei und Gejohle war weit zu hören. Aber ich kann mich nicht erinnern, dass deswegen Ärger entstand. Mehr schon wegen kaputt geschossener Fensterscheiben. Nach einem solchen Malheur kassierten die Betroffenen meist den Ball ein. Die Eltern der Spieler mussten dafür sorgen, dass die Scheibe ersetzt wurde. Dann gab es mit vielen Ermahnungen den Ball zurück. Daheim war dann jedes Mal ordentliches Donnerwetter und häufig Stubenarrest angesagt. Mitunter landete der Ball auch in fremden Gärten. Wenn niemand in dem betreffenden Garten war, hieß es: Räuberleiter und ab über den Zaun. Waren viele Kinder draußen, wurde Völkerball oder Schlagball gespielt, oft über Stunden. Einer meiner Freunde war in den Besitz eines Tennisballes gelangt. Und damit starteten wir ein neues, tolles Spiel: über das Haus werfen. Einer stand hinter dem Haus, der andere vor dem Haus auf der Straße. Die beiden wollten sich über das Haus zuspielen. Das war schon ein Kunststück, denn unser Haus hatte drei Stockwerke plus Dachgeschoss. Natürlich dachten wir nicht daran, wie leicht bei so einem Wurf Fensterscheiben getroffen werden konnten. Mutter, die uns beobachtete, schon. Sie nahm uns den Ball weg. Doch Tage später hatten wir ihn wieder. Und das Spiel wurde ein paar hundert Meter weiter abermals gestartet. In unserer Kinderschar waren einige, die mühelos und vor allem unfallfrei viele Male hintereinander über das Haus werfen konnten.

Überwiegend Mädchen, aber nicht nur sie, beschäftigten sich mit einem Hüpfseil, das auch Springseil genannt wurde. Es fanden Wettbewerbe statt, bei denen siegte, wer die meisten Runden ohne Pause durchhielt. Die Könner sprangen nicht nur einfach durch das Seil, sondern kreuzten das Seil beim Sprung auch noch, und das viele Male hintereinander. Seilspringen in der Gruppe erfreute sich großer Beliebtheit. Ein großes Seil wurde von zwei Kindern geschwungen. Nach und nach sprangen alle Kinder in das Seil und versuchten, immer wieder über das Seil zu hüpfen. Wer patzte, schied aus und löste einen der Seilschwinger ab. Auch dieses Spiel beschäftigte uns sehr lang. Gerne spielten wir auch Verstecken, Fangen oder Blinde Kuh.

An schönen Tagen spielten wir Himmel und Hölle. Dafür wurde ein Spielfeld mit Kreide auf die Straße gemalt. Dann wurde ein Stein eingeworfen, und nun galt es, den Stein und sich selbst auf einem Bein hüpfend über die Felder zu bewegen, ohne dass die Linien oder gar das Feld Hölle berührt werden durften. Das Spiel konnte man alleine spielen, schöner war es aber, wenn es Mitspieler gab. Himmel und Hölle war jedoch auch ein Spiel mit einem mehrfach gefaltetem Papier, in dem vier Segmente entstanden waren, die sich auf- und zuklappen ließen und in denen Himmel und Hölle verborgen waren. Die Jungen machten sich daraus ebenso wenig wie aus den zahlreichen Fingerspielen, die alle Mädchen beherrschten. Bei Fadenspielen brachten es manche zu wahrer Meisterschaft. Trotz geduldiger Anleitung konnte ich meinem Bruder das Abnehmen niemals richtig beibringen. Michael interessierte sich hingegen sehr dafür, was seine älteren Kameraden tagaus, tagein im Schuppen von Opa Nuß machten. Dort wurde gehämmert und geschraubt, und es gab oft lautstark Streit darüber, wie man richtig ans Werk gehen solle. Die Seifenkiste war damals der Renner, in des Wortes wahrer Bedeutung. Das Organisieren der Bauteile, alte Bretter, Leisten, Seile,

Schrauben und vieles mehr, war mindestens so schwer wie das Zusammenbauen des Vehikels. Die Zeitungen veröffentlichten Bauanleitungen, denn Maße und Gewicht der Kisten mussten stimmen, sonst wurden Rennfahrer schnell zu Bruchpiloten. Mancher Vater gab Tipps und half sogar hin und wieder tatkräftig. Viel Ärger verursachte ein jugendlicher Schlaumeier bei uns einmal, als er die dringend benötigten Räder für die Seifenkiste von einem ein paar Straßen weiter abgestellten Kinderwagen organisierte. Die Seifenkisten wurden nur durch ein Gefälle beschleunigt und konnten leicht bis 50 Stundenkilometer Geschwindigkeit erreichen. Zu den Seifenkistenrennen kamen immer viele Zuschauer. Es gab für den Sieger auch einen Preis. Rennen wurden in allen Stadtteilen veranstaltet und es gab sogar Meisterschaften, landauf und landab.

Manchmal holten wir auch die Kreisel raus, die bei uns Dopsch hießen. (Auch ein kleines Kind wurde übrigens so genannt.) Um einen bunten Holzkreisel mit Gewinden wurde eine Kordel gewickelt. Dann setzte man den mit einer Eisenspitze besetzten Kreisel auf den Boden und zog mit einer raschen Bewegung die Schnur ab. Der Kreisel drehte sich nun, und die Kunst bestand darin, ihn mit gezielten Peitschenhieben voranzutreiben und am Kreisen zu halten. So lange, wie möglich. Einigen Geübten gelang es problemlos einen solchen Kreisel ohne Unterbrechung die Straße runter und wieder rauf zu peitschen. Die Kleinsten spielten mit einem Brummkreisel. Er war viel größer, und es waren bunte Bilder darauf. Man zog ihn auf, indem man einen Stab, der sich im Kreisel befand und der mit einem überstehenden Griff versehen war, mehrmals hintereinander schnell hochzog und wieder herunterdrückte. Der Kreisel begann sich daraufhin zu drehen, wobei er brummte oder summte.

Als er etwa fünf Jahre alt war, schenkte meine Oma meinem Bruder einen Wipproller. Mit diesem Gefährt wurde er zum König der Straße und zum begehrten Freund in der Nachbarschaft. Jeder versprach sich aus der Freundschaft, hin und wieder auch einmal auf dem Zweirad fahren zu dürfen. Angetrieben wurde es durch das Treten eines langen beweglichen Teils, das schräg über dem Fahrzeugboden angebracht war, ein Trittbrett halt. Wenn man es ordentlich auf- und niedertrat, nahm er gehörig Fahrt auf. Mein Bruder brachte es zu wahrer Meisterschaft, denn neben dem Antrieb beherrschte er auch vortrefflich, Balance zu halten, zu lenken und vor allem zu stoppen. Gebremst wurde zum einen durch das Einstellen des Wippens, zum anderen durch Betätigen der Rücktrittbremse. Sie war am Schutzblech des Hinterrades so angebracht, dass der Fahrer hinter sich mit dem Fuß fest darauf trat. Dies blockierte das Hinterrad. Wer damit keine Erfahrung hatte, konnte sich übel auf die Nase legen. Mein Bruder Michael jedoch vollführte damit abenteuerliche Manöver. Er konnte zum Beispiel halsbrecherisch zur Seite schleudern oder sich sogar drehen, sodass er in entgegengesetzter Richtung zum Stehen kam. Ganz ohne Verletzungen ging es jedoch nicht ab. Die Schürfwunden wurden mit einem Mittel verarztet, das wir Kinder alle fürchteten: Jod. Aus einem Fläschchen schüttete meine Mutter ordentlich etwas auf ein sauberes Taschentuch. Das kam auf die verletzte Stelle. Meist waren ein Knie oder ein Arm verletzt. Das brannte so höllisch, dass einem, auch wenn man es nicht wollte, die Tränen kamen. Nur Lebertran, den damals alle Ärzte den Müttern für ihre Kinder empfahlen und der bei vielen zu Brechreiz führte, fürchteten wir noch mehr als Jod. Die behandelte Wundstelle wurde dann verbunden. Nach ein paar Tagen war der Verband so schmutzig, dass wir ihn entfernten. Da hatte sich bereits Schorf gebildet. Und der sorgte für ein unangenehmes Spannen. Deshalb pittelten wir solange daran herum, bis er sich löste und darunter rosa Stellen zum Vorschein kamen. Wenn unsere Mutter das sah, schimpfte sie: „Hör auf damit, oder willst du eine Vereiterung haben?“

Einige der kleineren, gut betuchten Kinder besaßen ein Dreirad. Und noch kleinere zogen Holzautos an einer Schnur oder eine gelb bemalte Ente hinter sich her, die mit dem Kopf und dem Hinterteil wackelte. Besonders im Frühjahr angesagt war Rollschuh laufen. Die Rollschuhe waren schwer und hatten eiserne Rollen. Sie wurden unter die Schuhe gestellt. Dann konnte man mit einem Schlüssel (die immer gesucht werden mussten) vorne seitlich jeweils an einer Halterung so lange eindrehen, bis der Rollschuh fest am Schuh klemmte. Wenn dann noch die Lederriemen festgezurrt worden waren, ging es los. Leider währte die

Freude meist nicht lang, denn die Schuhe rutschten ganz schnell aus der Halterung. Wir befestigten deshalb zusätzlich Gummiringe von Einmachgläsern um Rollschuh und Schuh. Manche benutzten auch einfach Kordel zum Festbinden. Die Straßen waren keineswegs ideale Laufbahnen, aber trotzdem bereitete das Laufen auf Rollschuhen großes Vergnügen. Viel besser als wir hatte es die mit mir fast gleichaltrige Marika Kilius. Sie trainierte am Mainufer auf einer wunderbar glatten Bahn. Ich sah ihr oft mit Begeisterung zu. Als sie mit nicht einmal 16 Jahren Weltmeisterin im Rollkunstlauf wurde, war ich so stolz, als hätte ich den Sieg errungen. Gegen Bezahlung konnten auch andere auf der Bahn für begrenzte Zeit Freude auf acht Rollen haben. Es wurden sogar weiße, geschnürte Stiefel, an denen die Rollen direkt befestigt waren, verliehen. Doch wessen Eltern hatten damals schon Geld für so etwas?

Ja, was gab es sonst noch an Spielen? Wettkämpfe mit Klickern. Mindestens drei bunte Tonkugeln musste jeder von einer durch einen Strich markierten Startlinie aus nach vorne werfen. Am Ende des Feldes hoben wir ein handtellergroßes Loch aus und befestigten es durch Klopfen der Seitenwände. Wessen Kugel bei dem Wurf am nächsten zu dem Loch zu liegen kam oder wer gar mit einer Kugel in das Loch traf, durfte anfangen. Er versuchte nun mit gebogenem Zeigefinger, seine Kugel in das Loch zu schnicken. Traf er, durfte er seinen nächsten Klicker in das Loch befördern. Gelang ihm das nicht, kam der nächste an die Reihe. Wer zuerst alle seine Kugeln im Loch hatte, war der Sieger und durfte alle Kugeln, die sich im Loch befanden einsacken. Klicker waren ein begehrtes Gut. Wer in seinem Beutel sehr viele hatte, war hoch angesehen, denn sein Besitz bewies, dass er das Spiel mit den bunten Kugeln beherrschte. Irgendwann einmal habe ich gelesen, dass solch ein Spiel bereits vor 3000 Jahren bei Kindern beliebt war. Es gibt viele Variationen zu den Regeln. Ganz früher wurde mit Knöchelchen und Steinen gespielt, viel später mit Murmeln aus Glas.

Heiß begehrt bei Mädchen waren Glanz- oder Pressbilder. Im Schreibwarenladen, wo es auch Schulartikel gab, waren diese hübschen Bilder zu kaufen. Sie hatten unterschiedliche Preise, je nachdem, wie groß sie waren. Viele von solchen Bildern waren zu einem großen Bogen gefügt, die einzelnen Bilder durch Papierstege verbunden. Man konnte das Bild seiner Wahl auf dem Bogen auswählen, und die Verkäuferin entnahm es dem Bogen, indem sie die Verbindungsstege durchtrennte. An schönen Tagen saßen die Mädchen oft mit ihrem Heft, in dem sie die Pressbilder sammelten, auf der Treppe vor dem Haus und tauschten Bilder. Nur schweren Herzens trennte man sich von einem der Bilder, um es in das Poesiealbum der Freundin einzukleben, der man daneben fein säuberlich einen Spruch oder eine Widmung schrieb. Heute sind gut erhaltene Alben mit vielen Einträgen und Glanzbildern aus meiner Kinderzeit begehrte Raritäten und erzielen beachtliche Preise. Leider ist meines nicht erhalten geblieben. Ich würde heute gerne darin blättern und lesen.

Die Jungen spielten mit den ausgeschnittenen oberen Teilen von Zigarettenschachteln wie mit Karten. Und das ging so: Einer legte eine Karte, darauf der nächste seine. Das ging so weiter, bis einer eine Karte hatte, die genau so aussah wie die zuvor abgelegte. Wer dieses Glück hatte, durfte dann alle bereits aufliegenden Karten kassieren. Die Hosentaschen unserer Freunde und Schulkameraden waren voll mit diesen selbstgemachten Zigarettenkarten, und sie wurden wie ein Schatz gehütet.

Im Sommer zogen die Mädchen mit ihrem Puppenkram – wie mein Bruder es abschätzig nannte – hinter das Haus auf die Wiese. Dort wurde eine Decke ausgebreitet und darauf fast alles, was die Puppenmutter für ihre kleinen Lieblinge brauchte. Ich hatte eine besonders schöne Puppe mit langem Haar, und Schlafaugen. Ihr Kopf war aus Porzellan, und sie hatte wunderschöne, leuchtend blaue Augen. Ich hatte sie Christiane genannt, und sie durfte von meinen Puppen am meisten in meinem Bett schlafen. Meine Puppen besaßen viele Kleider, Mützen, Socken und auch Mäntel. Meine Mutter hatte sie alle genäht, gestrickt oder gehäkelt. Meine Puppen bewohnten einen großen Puppenwagen, den mir das Christkind geschenkt hatte, ebenso wie das wunderschöne Service mit Blumenmuster. Ein Nachbarmädchen hatte sogar einen kleinen Ofen und einige Töpfe dafür und natürlich winzige Messer, Gabeln und Löffel. Ach, was war da im Sonnenschein nicht alles zu tun! Unsere Puppen wurden gewaschen, neu gekleidet und gekämmt. Dann machten wir uns an das Kochen und Tischdecken. Wenn alles vorbereitet war, wurden unsere Puppenkinder in einem Kreis zusammengesetzt und bewirtet. Es schien ihnen vortrefflich zu munden, was wir gekocht hatten. Manchmal kam mein Vater nach seiner Arbeit zu uns. „Na, Schätzchen“, sagte er dann, was gibt es denn heute bei euch?“ „Grießbrei mit Apfelmus“. „Hm, lecker!“ „Willst du mal probieren, Vati?“ Mein Vater tat so, als koste er in ganz kleinen Häppchen von dem kleinen Teller mit einem winzigen Löffel. „Der schmeckt aber köstlich! Du kannst ja schon fast so gut kochen, wie die Mutti!“ Ich hatte Christiane im Arm und war glücklich. Jetzt, da ich dies schreibe, fällt mir plötzlich ein, dass mein Vater immer alle meine Puppenkinder durcheinander brachte. Einmal, als er zum Gute-Nacht-sagen an mein Bett kam, bat ich ihn, aus dem Puppenwagen Christiane zu holen. Er brachte mir eine andere Puppe. Ich hätte mich kaputtlachen können. „Aber Vati, das ist doch nicht Christiane, das ist doch Ursula!“

„Reinkommen!“ schrie mein Bruder. Doch der hatte ja nichts zu sagen. Erst als meine Mutter erschien und sagte: „Jetzt musst du aber Schluss machen, das Abendbrot steht schon auf dem Tisch“, packten wir zusammen und verließen samt unserer Puppenschar unseren Spielplatz hinter dem Haus.

Es gab auch Spiele, die verboten waren. Etwa das Messerwerfen, das die Buben dennoch in verschwiegenen Ecken veranstalteten. Auf dem Boden oder an einem Baumstamm wurde ein Kreis markiert, dann in einiger Entfernung eine Startlinie gezogen. Nacheinander versuchten die Teilnehmer mit ihrem Messer in den Kreis zu treffen. Das Messer war kurz, hatte einen massiven Griff. Es sah so ähnlich aus wie ein Jagdmesser. Geworfen wurde aus der Spitze, mit dem Griff voran. Die Kunst bestand darin, zu berechnen, dass das sich während des Flugs drehende Messer mit der Spitze möglichst nah an das Zentrum des Kreises traf. Wer am nächsten dran war, hatte gewonnen. Es gab seitlich an den Hosen lange, schmale Taschen, in denen so ein Wurfmesser getragen wurde. Manche benutzten die Tasche aber auch, um darin einen Kamm aufzubewahren, so auch mein Bruder, der unaufhörlich damit beschäftigt war, seine glänzende Haartolle zu richten. Wir hörten, dass die großen Jungen beim Messerwerfen sogar um Geld spielten.

Verboten war auch der Wettstreit beim Klettern auf hohe Bäume. Er war äußerst beliebt als Unterbrechung des Schulwegs. Ganze Horden von Jungen warfen ihre Schulranzen achtlos auf die Straße und stürmten in das Geäst der Bäume. Sieger war, wer zuerst die höchste Stelle erreicht hatte. Ewig wird mir der Tag in Erinnerung bleiben, an dem sich die Nachricht von einem fürchterlichen Unfall bei solch einem Wettklettern wie ein Lauffeuer verbreitete. Hans Altmann, der jüngste Enkelsohn unseres Lebensmittelhändlers, war aus der großen Kastanie auf den Platz vor der Johanniskirche gefallen. Er überlebte diesen Sturz nicht und starb einen Tag vor seinem 10. Geburtstag.

Unvergleichlich schön war Matschen. Nach einem Regenguss oder sogar bei Regen waren Jungen und Mädchen gemeinsam damit beschäftigt, ganze Seenlandschaften zu fabrizieren. Das im Rinnstein eilende Wasser wurde gestaut und umgeleitet. Auf rasant flutenden „Flüssen" trieben schaukelnd Holzstücke als Schiffe. Auch von uns aus Papier gefaltete Boote waren in der braunen Brühe unterwegs. Doch sie weichten schnell auf. An Stellen, wo das Regenwasser mit Steinen und Erde aufgestaut worden war, stand es manchmal bis über die Knöchel hoch. Wenn dann einige auf die Idee kamen, einander mit Matsch zu bewerfen, war Schluss mit lustig. Wir wurden von der Stimme eines Erwachsenen ins Haus beordert und mussten vor der Wohnungstür die verdreckten Klamotten ausziehen. Bei uns stand dann in der Küche schon eine Zinkwanne bereit, die mit warmem Wasser gefüllt war und unmissverständlich verriet, was angesagt war.

Im Winter fiel immer viel Schnee. Jedenfalls ist das so in meiner Erinnerung. Uns Kinder konnte da niemand mehr halten. Da unsere Straße abschüssig war, rutschten unsere Holzschlitten darauf abwärts. Aber nur ganz langsam, obwohl wir die Kufen mit Seifen eingerieben hatten. Das war eben nur etwas für die ganz Kleinen. Die anderen zogen dick verpackt zur Hohl. Das war ein zwanzig Minuten entferntes Gelände mit ordentlichem Gefälle. Nachdem wir neben- und hintereinander herabgesaust waren, mussten wir ungefähr zehn Minuten wieder hochsteigen.

Mit der Zeit waren unsere Wollhandschuhe klitschnass, sodass wir sie auszogen. Bei Sonnenuntergang wurde es schneidend kalt und wir strömten nach Haus. Erst da bemerkte ich, wie meine Hände schmerzten und dann zu kribbeln begannen. Ich hätte heulen können. Vater sagte mir: „Du nimmst jetzt den Putzeimer, setzt dich drauf und pullerst über deine Hände.“ Es half.

Mit Fortschreiten des Winters wurden unsere Aktionen mit und auf den Schlitten immer verwegener. Wir bildeten jetzt Schlittenzüge: Der erste Rodler legte sich nah am Gefälle Kopf voran auf seinen Schlitten und hing sich mit seinen Füßen seitlich im Vorderteil des nächsten Schlittens ein. Und so ging es weiter. Waren alle bereit, stießen sich die Fahrer mit den Armen auf dem Boden solange ab, bis der Schlittenzug Fahrt aufnahm. Der Erste musste die Lenkung übernehmen und am Ende auch dafür sorgen, dass die Schlitten in einer langgezogenen Kurve ausliefen. Wenn ich heute an diese gefährlichen Schlittenvergnügen denke, läuft es mir vor Grauen kalt über den Rücken. Dann kam, was kommen musste: An einem sonnigen Wintertag kurz vor Weihnachten hatte ich wieder einmal Stubenarrest. Weswegen, daran kann ich mich nicht mehr erinnern. Ich weiß nur, dass ich meine Mutter dafür hätte verwünschen können. Alle meine Freunde waren natürlich unterwegs. Mit Schlitten. Richtung Hohl. Nur ich hockte in der Bude. Der Tag endete katastrophal. Ein Schlittenzug war von der Bahn abgekommen und in eine Baumgruppe gerast. Es gab Verletzte. Einen davon hatte es schwer getroffen. Als meine Mutter von dem Unglück erfuhr, sagte sie zu mir: „Da hast du wohl einen Schutzengel gehabt!“

Nicht minder gefährlich war, was wir eine halbe Stunde Fußweg von zu Hause auf Schlittschuhen veranstalteten. Es gab da einen See, von dem unsere Eltern vermutlich nur vage Kenntnis hatten. Im Sommer war er kein Thema für uns Kinder, denn seine Ufer waren mit mannshohem Schilf bewachsen, der Grund blieb weithin morastig und es hieß, in dem schmuddeligen Wasser gäbe es widerliche Tiere. Im Winter aber, bei strengen Minusgraden, war der See vereist. Er war jetzt natürlich für uns ein beliebter Tummelplatz. In Gruppen zogen wir dorthin. Ob das Eis trug? Nun, wir probierten es mit unseren Hacken aus. Die,

die später kamen, machten sich nicht einmal mehr diese Mühe. Wenn die anderen darauf laufen, muss es ja tragen! Den ganzen Winter über war dieser See Treffpunkt für viele Kinder. Kein Mensch kontrollierte, was wir da trieben. Herrlich! Dass der Winter sich verabschiedete, merkten wir daran, dass in dem Eis plötzlich Risse entstanden. Das hätte Grund sein sollen, uns schleunigst von der Eisfläche zu entfernen. Weit gefehlt, jetzt ging der Spaß doch erst richtig los! Anlauf nehmen und über die Risse flitzen, dass das Wasser nur so hervor spritzte und sich über das Eis verteilt. Einer hatte damit angefangen. Alle machten es sofort nach. Wer weiß, was passiert wäre, hätte nicht ein Vater auf der Suche nach seinem Sohn unser gefährliches Spiel entdeckt. Er pfiff uns allesamt vom Eis und erklärte uns lang und breit, in welche Gefahr wir uns begeben hatten. Wie auch meine Eltern von unseren Exkursionen zu dem vereisten See erfahren haben, weiß ich bis heute nicht. Auf jeden Fall gab es eine Standpauke und absolutes Verbot, sich diesem See noch einmal zu nähern, sommers wie winters.

Wir hatten natürlich auch Spielsachen für drinnen. Mein kleiner Bruder beschäftigte sich gern mit großen Klötzen, auf denen auf jeder Seite Teile eines bunten Bildes klebten. Wurden sie richtig aneinander gereiht, ergab sich ein großes Bild. Michael hatte auch eine Eisenbahn aus Holz. Er besaß Autos aus Holz so wie einige aus Blech, die aufgezogen werden konnten. Der Zug fuhr auf einer Bahn aus Holz. Die einzelnen Teile wurden zu einem Oval zusammengesteckt. Ich meine, solche Modelle gibt es heute noch. Um den großen Bauernhof mit vielen Tieren gab es oft Streit, weil wir beide immer zur selben Zeit damit spielen wollten. Unsere Spielsachen befanden sich in einer großen Blechkiste. Wenn die zu voll wurde, sortierte meine Mutter in einem unbeachteten Augenblick einen Teil des Inhalts aus. Wir bemerkten das kein einziges Mal. Nach einigen Monaten waren die Sachen aber wieder da und unsere Begeisterung dafür so groß, als wäre es neues Spielzeug.

Im Herbst und Winter rotteten wir Kinder uns im Treppenhaus eines Hauses zusammen. Verstecken spielen war angesagt. „Aber ganz leise!“ flüsterte immer Astrid, die zu den Ältesten zählte und sehr umsichtig war. Dabei legte sie einen Finger auf

den Mund. Es wurde ausgezählt: „Ene mene muh und aus bist du." Die drei Kinder, die noch übrig geblieben waren, durften verschwinden, um sich ein Versteck zu suchen. Alle anderen Kinder hielten sich die Augen zu, damit sie nicht sahen, in welche Richtung die drei sich davon machten. Astrid zählte langsam bis 10. „Wir kommen!" rief sie danach. Dann trippelten viele kleine Füße die Stiegen hoch. Bis hinauf zum Dachboden, wo Dachbalken, dunkle Ecken, abgestellte Gegenstände und zum Trocknen aufgehängte Wäsche reichlich gute Verstecke abgaben. Ach, wie schön war das, von ganz oben durch die Dachluken in die Welt zu schauen und hinter jeden großen Koffer, hinter jedes Bettlaken und in die alten Schränke. Doch damit nicht genug! Über die Dachböden waren die Häuser miteinander verbunden. Man musste nur durch eine Türe gehen, und schon war man im Nachbarhaus. Von dort trappelten dann viele Beine die Treppe herunter und hinaus aus dem Haus. Es schepperte ordentlich, wenn die Haustür ins Schloss fiel. So ging es treppauf, treppab, von einem Haus ins andere. Alle Dachböden wurden durchsucht und die Kinder schließlich in ihren Verstecken entdeckt. Mittlerweile war es in den Häusern ganz schön laut geworden. Da kam wie immer die alte Frau Heinrich aus ihrer Wohnung und schimpfte. „Schon wieder so ein Lärm. Spielen im Haus ist verboten!" Sie schwang einen Kochlöffel und war in karierten Hausschuhen hinter uns her. Doch da hatte sie keine Chance, wir waren alle viel schneller. Frau Heinrich war übrigens im Recht. Gut leserlich stand auf einem Schild in jedem Haus: „Das Spielen im Treppenhause ist verboten!"
Wir hatten gehört, dass es auch möglich sei, durch die Keller von Haus zu Haus zu gelangen. Aber das ließen wir lieber bleiben, denn im Keller war es unheimlich und zum Gruseln. Es wohnten dort schreckliche, schwarze Spinnen. Keiner von uns wäre freiwillig dorthin gegangen.

Freundschaft und Feindschaft

Ich hatte viele Freunde. In der Schule und in der Nachbarschaft. Als Kind hatte ich aber nur eine beste Freundin. Wenn ich die Augen zumache, kann ich sie noch heute vor mir sehen: Renate Landler mit den Augen in einer Farbe wie die dunklen, süßen Kirschen am Baum im Garten von Opa Nuß nebenan, das blasse ebenmäßige Gesicht und das dunkelbraune Haar, das meist zu Affenschaukeln gebunden war. Am Ende hatte ihre Mutter in das beidseitig geflochtene Haar ein Band mit eingeflochten und damit die Endstücke hochgebunden und mit einer Schleife versehen. Um Renates Ohren baumelten nun die schönsten Zopfkringel, die Affenschaukeln eben. Renate wohnte mit ihren Eltern und ihrem um etliche Jahre älteren Bruder Willi, einem fürchterlich eingebildeten Stubenhocker, im dritten Stock unseres Hauses. Wir wohnten im Parterre. Renates Vater war Pastor. Als ich Renate das erste Mal besuchen durfte, war es mir, als träte ich in eine andere Welt ein. Gleich im Flur hing ein großes Kruzifix, das sehr kostbar aussah. In unserer Wohnung hing zwar auch eins, das war aber klein und unscheinbar. In der Landler-Wohnung gab es ansehnliche braune glänzende Möbel, viele große Bilder an der Wand und wunderschöne Gardinen mit Blumenmustern. Es lagen weiche Teppiche auf dem Boden und da stand sogar ein Klavier. „Nein, das ist ein Harmonium", erklärte mir Renate. „Meine Mutter spielt meistens. Ich darf aber auch darauf üben." Ich hatte ein solches Instrument vorher noch niemals in einer Wohnung gesehen, nur in einer Kirche. Beim Spielen wurden mit den Füßen die Pedale bedient, wobei sich ein Schnaufen erhob. Je mehr ich mich in der Wohnung umsah, desto mehr schien es mir, als wären die Landlers das, wovon Erwachsene oft sprachen: bessere Leute. Renates Mutter war eine zierliche Person und immer adrett angezogen. Sie sprach sehr leise und irgendwie anders als die anderen Leute. Sie hatte eine außergewöhnlich bescheidene und feine Art. Ich schloss sie bei der ersten Begegnung sofort in mein Herz. Was ich an ihr besonders mochte, war ihr Geruch. Wenn sie länger in einem Zimmer war, schien sie ihn auf alles darin zu übertragen. Ich bemerkte immer sofort, wenn sie kurz zuvor in einem Raum gewesen war.

Eines Tages kam Renate aufgeregt nach unten: „Komm schnell rauf, wir haben etwas Neues." Neue Sachen reizten mich ungemein. Ich stürmte die Treppe in einer solchen Geschwindigkeit hoch, dass ich Renate überholte und vor ihr in der Wohnung anlangte. Erwartungsvoll blieb ich stehen. „Da, an der Wand!" Ich folgte mit den Augen dem ausgestreckten Finger meiner Freundin. An der Wand hing ein großer schwarzer Apparat. Ich wusste sofort, was das war. Ein ähnliches Gerät befand sich auch bei Familie Altmann in der Wohnung. Ich war schon einige Male dabei gewesen, wenn mein Vater zu Otto Altmann ging und bat, einmal mit seinem Bruder in einer dringenden Angelegenheit ein Ferngespräch führen zu dürfen. Er tat das äußerst ungern, denn er mochte „die Leute nicht stören", wie er sagte.

Damals hatten erst wenige Menschen einen Fernsprecher im Haus. Nun war das Telefon also auch bei Familie Landler eingezogen und hockte unübersehbar an der Wand. „Mein Mann braucht den Apparat dienstlich", erklärte Renates Mutter. Das klang fast wie eine Entschuldigung. „Wenn jemand in eurer Familie mal dringend jemanden erreichen muss, könnt ihr das Gerät gerne benutzen." Im Laufe der Zeit hatten wir vielfach Bedarf. Meist wurden wir angerufen. Renate kam dann die Treppe runter gepoltert und brüllte schon unterwegs „Telefon!". Üblicherweise war es meine Mutter, die dann eilig nach oben stieg, um fernzusprechen.

Renate war älter als ich und besuchte eine höhere Klasse. Daher wusste sie vieles, wovon ich noch nie etwas gehört hatte. Sie brachte mir manches bei, was erst viel später in der Schule Unterrichtsstoff war. Auch das Spiel auf dem Harmonium erlernte ich leidlich von ihr. Ihr schmächtiger Vater, den man selten sah, weil er entweder auswärts war oder in seinem Studierzimmer, meinte anerkennend: „Du hast Talent. Deine Eltern sollten dir Unterricht geben lassen." Daran war nicht einmal im Traum zu denken. Wir waren froh, dass der Lohn, den Vater nach Hause brachte, gerade für das Notwendigste reichte. Im gleichen Maße, wie ich ihre Familie liebte, liebte Renate meine. Wir waren unzertrennlich und steckten oft die Köpfe zusammen.

Zum Beispiel begannen wir, eine Abenteuergeschichte zu schreiben. Soweit ich mich noch erinnere, handelte sie von Kindern, die im Wald den Eingang zu einem geheimen unterirdischen Gang, der zu einer Burg führte, entdeckten und durch einen Erdrutsch darin eingeschlossen wurden. Wir schrieben abwechselnd in eine dicke Kladde, und unsere Fantasie war grenzenlos. Ich wünschte, ich hätte das Buch mit der abenteuerlichen Geschichte aufgehoben!
Meine Eltern gingen am Sonntag oft mit uns Kindern in den Huthpark. Das war ein großes Naherholungszentrum, im Osten von Seckbach gelegen. Wir brauchten zirka 20 bis 30 Minuten, um es zu erreichen. Solch ein Ausflug der ganzen Familie wurde von langer Hand geplant. Meine Mutter bereitete mancherlei zum Essen vor und packte es gemeinsam mit Getränken in einen Rucksack. Regelmäßig begleitete uns Renate. Ihre Mutter gab Renate meist belegte Brote und Obst mit. Mein kleiner Bruder Michael nahm Sandspielsachen mit, denn im Huthpark war ein Spielplatz mit einem großen Sandkasten. Außerdem gab es dort viele Grünflächen, mächtige Bäume, Bänke sowie Spazierwege. Manchmal schloss sich uns auch die Freundin meiner Mutter mit ihrer Tochter, die fast so alt wie ich war, an. Da gab es immer viel zu lachen, denn Tante Heidel, so nannte ich Mutters Freundin Heidelinde, war eine temperamentvolle, redselige und außergewöhnliche Person. Ihr Ehemann, ein hagerer, sehr vornehm wirkender Mann, arbeitete in leitender Position in einer Bank. So viel er dort als Prokurist zu sagen hatte, so wenig kam er privat zu Wort. Wenn er sich mit leiser Stimme umständlich einmal in ein Gespräch einzubringen versuchte, unterbrach ihn seine Ehefrau ziemlich schnell mit dem Satz: „Helmut, vergiss mal deine Rede nicht!“ Und schon schnatterte sie drauf los. Er hatte keine Chance, seine nicht vollendete Rede jemals zu beenden. Meine Mutter und Tante Heidel trafen einander fast täglich und konnten mit Quatschen nie ein Ende finden. „Sie kommen halt vom Höckschen aufs Stöckchen. Da kann man nichts machen“, sagte mein Vater ergeben. Mitunter hatte sich meine Mutter von Tante Heidel verabschiedet und stand bereits auf dem Treppenabsatz, aber dann fiel den beiden immer wieder etwas ein, was sie einander unbedingt noch erzählen mussten. Das

konnte dann ohne Weiteres eine Stunde dauern. Bei solch einer Gelegenheit passierte es, dass das aufgeheizte Bügeleisen, das Tante Heidel für den kurzen Moment des Abschieds auf einem Küchenstuhl abgestellt hatte, durch den Stuhlboden brannte und auf den Boden krachte. „Jesses, das Bügeleisen!“ rief sie und stürzte in die Küche. Der Stuhl war hin, aber der Küchenboden, der Gott sei Dank aus Stein bestand, hatte nur eine kleine Einschlagstelle abbekommen. Tante Heidel war in jeder Hinsicht einzigartig: Sie sang wunderbar im berühmten und traditionsreichen Frankfurter Cäcilien-Chor und manchmal auch solo vor einem handverlesenen Publikum. Sie beherrschte die französische Sprache in Wort und Schrift, weshalb sie oft für Übersetzungen herangezogen wurde. Sie war ferner firm in Stenografie und an der Schreibmaschine, schnitt und färbte den Frauen in der Nachbarschaft das Haar. Sie selbst trug ihre vollen, langen Haare tizianrot, damals ein echter Hingucker. War ein kaltes Buffet für eine große Feier gefragt, Tante Heidel sorgte dafür. Auch die Schneiderei war ihr Metier, vom Kürzen, Ändern bis hin zu einer neuen Kreation. Und sie legte Karten. So hatte Tante Heidel immer etwas am Kochen. Die Bude bei ihr war meist voll. Mit allen ihren Talenten handelte sie geschickt. Sie tauschte Dienstleistung gegen Ware. Ihre Geschäfte liefen blendend! Dennoch blieb immer noch genügend Zeit, um mit meiner Mutter zu fachsimpeln und vor allem zu philosophieren. Kennengelernt hatten sich die beiden Frauen während der Schwangerschaft beim Frauenarzt. Tante Heidel sollte ihr Kind 14 Tage früher als meine Mutter mich zur Welt bringen. Ich war bereits geboren. Tante Heidel kam meine Mutter besuchten. Meine Oma war gerade auch da. Die Freundin meiner Mutter hatte immer getönt, sie würde ja längst wieder auf den Beinen sein, wenn meine Mutter gerade mal in den Kreißsaal käme. Nun schob sie mit ihrer dicken Kugel herein. Da konnte sich meine Oma vor Lachen gar nicht mehr einkriegen. Sie zeigte auf Heidelindes Bauch und fragte: „Wird das noch was?“

Es wurde noch was. Fast drei Wochen nach meiner Geburt. Dass ihr Mädchen nicht einfach Eva oder Annemarie heißen konnte, war voraussehbar. Es wurde auf den Namen Sybille getauft, wobei ich bis heute immer noch nicht genau weiß, ob das i

zuerst kommt oder das y. Also, um auf den Huthpark zurückzukommen. Tante Heidel und ihre Tochter waren oft mit von der Partie.
Meine Freundin Renate hatte eine Marotte entwickelt. Keiner wusste wann, wo und warum. Auf jeden Fall ereignete sich Folgendes wie ein Ritual: Nachdem wir Ausflügler im Park angekommen waren, dauerte es ein Weilchen, bis wir gemeinsam eine schöne Bank als Lagerlatz, möglichst in der Nähe des Spielplatzes, zumindest aber mit freier Sicht dorthin, auserkoren hatten. Sodann begannen wir mit dem Lageraufbau. Die Erwachsenen besetzten die Bank. Für uns Kinder wurde eine große Wolldecke auf der Wiese ausgebreitet. Der Rucksack, den mein Vater geschleppt hatte, kam neben die Bank. Noch saßen wir nicht recht, da begann Renate alles, was ihr kleiner Beutel hergab, in ihrer Reichweite aufzubauen. Ja und dann begann sie, als sei sie am Verhungern, ohne Pause zu futtern, was ihr die Mutter eingepackt hatte. War aufgegessen, faltete Renate alle Papiere ordentlich zusammen und verstaute sie im Beutel. Sodann verkündete sie, jetzt ginge sie wieder nach Hause. Alles Zureden und auch mein inständiges Bitten halfen nichts. Renate stand bereits abmarschbereit da und war fest entschlossen, sofort den Heimweg anzutreten. Wie immer schaute meine Mutter dann meinen Vater mit einem bittenden Blick an. „Willi, gehst du?“ Mein Vater murrte kein einziges Mal. Wenn er von seinem Begleitdienst für Renate zurück kam, war der Tag schon fortgeschritten, und mein Vater freute sich vermutlich auf Müßiggang auf der Bank. Aber der Stress für ihn fing jetzt erst richtig an! Fußballspielen mit dem Sohnemann, Bumerang werfen, Bumerang suchen, im Herbst mit dem selbstgebastelten, großen Drachen bis zur Erschöpfung rennen, damit das Ding sich endlich, selbst bei nicht vorteilhaftem Wind, erhob, den Drachen aus den Ästen eines hohen Baumes vorsichtig befreien, mit den Damen Federball spielen, den Federball aus den Ästen eines hohen Baumes befreien, mit dem Junior eine Sandburg bauen, den beim Wettrennen gestürzten Spross aufklauben und trösten, und ...
Der Drachen, der regelmäßig im Herbst zum Einsatz kam, war Marke Eigenbau. Mein Vater war ein geradezu begnadeter Dra-

chenbauer. Er verbrachte Wochen damit, das Fluggerät zu konstruieren und zu bauen. Alles daran war Spezial. Die dünnen, extrem biegsamen Leisten, das dünne, leichte Papier zur Bespannung und der Kleber. Der Drachen brachte es auf eine Höhe von circa einem Meter. Seine Breite stand in einem exakt ermittelten Verhältnis dazu. Alle Bohrlöcher für die Aufhängung waren mit Präzision hergestellt worden. Die Balanceprobe erfolgte aufwendig. Ich sehe meinen Vater noch heute vor mir, wie er auf dem Tisch steht und den Drachen ausgebreitet hängen lässt, um ihn auszutarieren. Der Schwanz aus Papierschleifen an der unteren Drachenspitze war wichtig für die Stabilisierung. Hatte der Drachen im Freien eine bestimmte Höhe erreicht und stand sicher, wurde das Ende des Holzes, an dem die Kordel zum Aufsteigen befestigt war, in den Boden gepflockt. Nun schwebte der Drachen wie ein großer Vogel über uns und konnte mit einem leichten Zug an den seitlichen Halteseilen korrigiert werden, falls dies erforderlich wurde. Mein Bruder Michael liebte den Drachen. Eines Tages wollte er ihn alleine hervorholen. Doch das war nicht einfach, denn er war hochkant hinter dem Kleiderschrank im Schlafzimmer geparkt. Kein Knirps kann einen massiven Holzschrank bewegen. Wie das Michael dennoch schaffte, konnte nie geklärt werden. Es tat einen Schlag, als ob das Haus einstürzen wollte. Gleichzeitig schrie mein Bruder wie am Spieß. Ich war noch vor meiner Mutter vor Ort. Der riesige Schrank war nach vorne gekippt und lag über den Ehebetten. Michael stand dahinter am Fenster und schrie ohne Pause. Ich krabbelte über das obere Teil der Betten, das nicht vom Schrank erreicht worden war. Mein Bruder war unversehrt. Er hatte aber einen Riesenschreck bekommen. Wie gesagt, keiner konnte sich den Vorfall erklären. Es bedurfte zweier kräftiger Männer, um den massiven Holzschrank wieder aufzurichten. Das demolierte Fußende des Ehebettes musste der Schreiner reparieren.

Wenn ich es mir heute recht überlege, müssen diese Huthpark-Tage für meinen Vater die reinste Tortur gewesen sein. Renate trug zuverlässig dazu bei.

Renate und ich hatten 1000 Geheimnisse. Wir waren so vertraut miteinander, dass wir einander sogar unser Tagebuch lesen

ließen. Unsere Denkweise war sehr ähnlich, und unsere Wege waren es auch. Die Leute wussten, dass wenn eine von uns auf der Bildfläche erschien, die andere nicht weit sein konnte. Uns kamen unglaubliche Dinge in den Sinn. So etwa das Unternehmen „Oper“. Ich hatte eine schöne Stimme, sang im Schulchor und dort oft sogar solo. Darauf bildete ich mir ganz schön was ein. Wasser auf meine Mühle waren die Anerkennungsbekundungen von Erwachsenen. Meine Musiklehrerin sagte einmal vor versammelter Klasse: „Na, wenn aus dir mal nicht eine berühmte Sängerin wird!“ Dabei lachte sie schelmisch. Alle merkten, dass sie gescherzt hatte, nur ich nicht. Begeistert erzählte ich Renate davon und die sagte sofort. „Sing doch mal im Opernhaus vor!“ Vielleicht können sie dich da brauchen. Das ging mir nicht aus dem Kopf. „Gehst du denn mit?“ „Klar!“ Renates Kopf hörte gar nicht mehr auf zu nicken. Nachdem ich zwei Tage nachgedacht hatte, war für mich klar: Ich singe im Opernhaus vor.
Zu dieser Zeit war das Opernhaus zerstört. Es sollte noch sehr lange Zeit dauern, bis es wieder aufgebaut wurde und darin Vorstellungen stattfinden konnten. Als Notlösung wurden Vorstellungen im Schauspielhaus, dem „Großen Haus“, gegeben. Wie das dann alles genau ablief, daran kann ich mich heute im Einzelnen nicht mehr erinnern. Aber ganz genau weiß ich noch, dass es uns gelang, unbemerkt in das Haus vorzudringen und irgendeiner zuständigen Person, es war ein für meine damalige Einschätzung alter Mann, mein Anliegen vorzutragen. Ich durfte sogar vorsingen. Und das weiß ich noch genau. Ich sang „Ännchen von Tharau“. Der nette, geduldige Herr meinte dann, ich hätte ohne Frage eine bemerkenswerte Stimme, aber ich sei doch noch zu jung… Er empfahl mir, erst einmal die Schule zu beenden und dann wiederzukommen. Das war kein triumphaler Sieg, aber immerhin ein Anfang. Dabei blieb es.
Ein paar Häuser weiter wohnte Carmen. Sie sah aus, wie sich jeder eine südländische Carmen vorstellt. Carmen besuchte mit mir dieselbe Klasse, und deshalb gingen wir fast immer gemeinsam die Schulwege. Zwar war das mit Carmen nicht so eine dicke Tinte wie mit Renate, aber wir mochten einander und spielten oft zusammen. Carmen wird mir bis an mein Lebens-

ende nicht aus dem Sinn gehen. Und zwar wegen ihres Bruders Helmut. Der war zwei Jahre älter als wir, und er verbrachte sehr viel Zeit am Fenster der elterlichen Wohnung im Erdgeschoss. Helmut spielte niemals draußen mit uns. Er ging auch nicht zur Schule. Er wurde daheim unterrichtet. Von uns Kindern hatte meist einer Zeit, sich mit Helmut am Fenster zu unterhalten, mit ihm Karten zu spielen oder sonst etwas. Wenn nicht, so reichte es dem Jungen auch, unserem Spiel zuzusehen. Das vertrieb ihm die Zeit. Helmut war sehr ernst und still. Ich habe ihn niemals lachen sehen. Als ich einmal zu meiner Mutter sagte, dass der Helmut aber irgendwie komisch sei, erzählte sie mir, er sei an Kinderlähmung erkrankt. „Weißt du, er kann nicht laufen." Kinderlähmung trat früher häufig auf. Es gab noch keine Impfung. Deshalb also lümmelte Helmut tagaus tagein auf einem Kissen am Fenster. Ich hörte, er sei besonders klug und lerne leicht und schnell. Er machte früh sein Abitur und studierte. Als ich Carmen viele Jahre später einmal traf, sagte sie, Helmut habe inzwischen seinen Doktor gemacht und sei ein anerkannter Wissenschaftler. Nur das mit seinen Beinen würde wohl nichts mehr.

Gegenüber im Haus wohnte unten eine Familie mit zwei Jungen. Einer war so alt wie ich, der andere älter. Beide hatten lockige rotblonde Haare und im Gesicht so viele Sommersprossen wie Sterne am Himmel stehen. Die beiden waren der Schreck der ganzen Nachbarschaft. Sie kloppten sich wie die Kesselflicker fast täglich untereinander sowie mit anderen. Sie benutzten nie ihre Haustür, sondern stets die Fenster als Aus- und Eingang, hänselten, stritten und sorgten für Unfrieden. Mein Bruder Michael war eines ihrer beliebtesten Angriffsziele. So gut wie er Roller fahren konnte, so wenig verstand Michael es, sich zu verteidigen. Ich musste immer eingreifen und ihn vor den bösen Brüdern retten. Mir ging das ganz schön auf die Nerven. Sollte Michael doch endlich lernen, sich zu wehren wie die anderen auch! Dann kam der Tag, an dem mir der Kragen platzte. Michael war auf der Straße, ich wartete am Hauseingang auf eine Schulkameradin. Ich beobachte, wie die beiden Prügelknaben aus einem Fenster der elterlichen Wohnung sprangen. Da sah ich meine Schulfreundin kommen und bemerkte daher nicht, was weiter geschah. Plötzlich gellte mein Name in höchster Not. Mein Bruder! Ich drehte mich um und lief los. Der eine der Rotblonden saß auf einem Fahrrad, der andere nahm gerade Michael in den Schwitzkasten. Ich steigerte mein Tempo. Als mich die Brüder kommen sahen, fuhr der eine los, der andere schubste Michael gegen die Wand, sprang dann auf den Gepäckträger des fahrenden Rades, und beide sausten auf dem Fahrrad die Straße runter. Meine beste sportliche Leistung erbrachte ich zu dieser Zeit im Laufen. Dafür hatte ich schon mehrere Urkunden erhalten. Das kam mir jetzt zugute. Mir war, als schlügen meine Fersen bereits an den Schultern an. Kurz vor der Kreuzung bekam ich den Gepäckträger zu fassen und bremste die beiden aus. Das Rad schleuderte zur Seite und die beiden Brüder flogen auf die Straße. Einen der Kerle packte ich und vermöbelte ihn gründlich. Der andere floh. Dann ließ ich Fahrrad und abgesetzten Fahrer zurück und ging langsam die Straße wieder hoch. Es gab abends ein väterliches Donnerwetter, denn natürlich hatten Leute alles gesehen und eiligst herumerzählt. „Wie kannst du dich als Mädchen wie ein Junge prügeln!" Dann folgten viele zurechtweisende Sätze. „Das kommt mir nicht noch einmal vor!", endete die Standpauke. Es brauchte nicht noch einmal vorzukommen. Die beiden von gegenüber ließen Michael fortan in Ruhe. Wollten sie gerade aus dem Fenster steigen und sahen mich kommen, waren sie, schwupp, wieder in ihrer Wohnung verschwunden.

Mit zunehmendem Alter erweiterten Renate und ich unseren Aktionsradius. Unser Stadtteil war uns zu klein geworden. Heimlich gingen wir des Öfteren in die Innenstadt, wo es große, helle Kaufhäuser mit vielen durch Rolltreppen verbundenen Etagen voll begehrlicher Angebote gab, breite Straßen und Menschenströme. Meine Mutter ahnte von unseren Alleingängen in die große Welt nichts. Meinte ich. Bis zu jenem Tag, als sie mitten in der Hektik der Innenstadt plötzlich wie aus dem Erdboden gewachsen vor mir stand. Dabei hatte sie doch gerade mit Backen begonnen, als ich das Haus verließ. In die Stadt zu gehen hatte sie nicht vorgehabt. Meine Mutter war mir schon immer etwas unheimlich vorgekommen! Sie schien so etwas wie den sechsten Sinn zu besitzen. Ich konnte vor Überraschung nur sagen: „Was machst du denn hier?“ „Dasselbe wollte ich dich gerade auch fragen.“ Renate und ich standen ganz schön blöd da, denn wir hatten vorgeschwindelt, eine Schulkameradin besuchen zu wollen. „War Irene nicht zu Hause?“ „Nein“, fing ich dankbar den zugeworfenen Ball auf. „Ihre Mutter sagte, sie wollte in der Stadt etwas besorgen.“ „Ach so, da habt ihr sie also hier gesucht“, entgegnete meine Mutter. Und nach einer Pause: „Wir gehen jetzt nach Hause. Es wird bald dunkel. Da könnt ihr nicht alleine hier herumlaufen.“ Ich befürchtete den ganzen Heimweg lang, dass es noch Ärger geben würde. Aber nichts geschah. Meine Mutter tat, als sei nichts gewesen. Doch fortan war ich vorsichtiger mit meinen Angaben, genauer, ich sagte die Wahrheit. So wie mit einem ganz großen Vorhaben von Renate und mir: Es hatte in der Zeitung gestanden, und es war Tagesgespräch unter uns. Es wird in Kürze ein neuer Film gezeigt. Die Hauptrolle spielte ein kleines Mädchen. Christine Kaufmann. „Sie ist nicht einmal so alt wie ihr seid“, erzählte unsere Lehrerin, die von unserer Begeisterung für das Ereignis erfahren hatte. Renate und ich gerieten in Euphorie und wir versuchten, alles über den Film und Christine Kaufmann zu erfahren. Wir schnitten die Bilder aus und sammelten sie in einer Mappe. Für uns stand fest: Wir wollten unbedingt den Film ansehen. Wir mussten dazu nach Sachsenhausen, denn dort, so hatten wir herausgefunden, wurde der Film gezeigt. Die Sensation war, dass Christine Kaufmann bei einer Vorstellung anwesend sein würde. Ich zog meinen Vater ins Vertrauen, denn ich befürchtete, meine Mutter würde sofort nein zu der Sache sagen. Mein Vater bereitete behutsam den Weg für uns. Wir erhielten die Erlaubnis, den Film anzusehen. Auch das Eintrittsgeld bekamen wir und sogar das Geld für die Straßenbahnfahrten, denn zu Fuß hätten wir jeweils etwa eine Stunde gebraucht. Der Stadtteil Sachsenhausen lag weit von uns entfernt auf der anderen Seite des Mains. Leider kann ich mich nicht mehr erinnern, was der Eintritt kostete. Renate und ich gerieten nun in Vorbereitungshektik. Was sollten wir anziehen? Und vor allem, was sollten wir Christine mitbringen? Wir waren felsenfest überzeugt, dass wir sie würden begrüßen können, ihr gar die Hand geben und mit ihr sprechen. „Soll ich ihr meine Puppe schenken?“ „Christiane?“ fragte Renate entsetzt und schüttelte dann abwehrend mit dem Kopf. „Ich weiß was!“ rief ich. „Ein Buch“. “Was für ein Buch?“ Wir hatten kein Geld, um in ein Buchgeschäft zu gehen und ein Buch zu kaufen. Deshalb suchten wir in unserem Buchbestand nach verwendbarem. Endlich fanden wir einen Band, der einigermaßen neuwertig aussah. Leider waren einige Eselsohren darin. „Die bügel ich schon raus!“ Renate war sicher, dass das funktionieren würde. Und in der Tat, die Knicke verschwanden fast. Wir hatten Glück, dass in das Buch niemand eine Widmung geschrieben hatte. Die erste Seite war leer und sauber. Das Buch wurde schön verpackt und mit einem Schmuckband verziert. Dann hieß es warten. Das fiel uns fast so schwer wie an Weihnachten. Wir waren ordentlich herausgeputzt und aufgeregt, als wir zur Straßenbahnhaltestelle gingen. Und wir fühlten uns wichtig und erwachsen. Renate hatte schwarze Schnallenschuhe in Lackleder an. Die hatten sogar einen kleinen Absatz. Ich trug einen Faltenrock mit Schottenkaros und eine weiße Bluse. Die Eingangshalle des Kinos war bereits voll mit Menschen, als wir eintrafen. Überwiegend waren es kleine Menschen, vor allem Mädchen. Alle waren schön angezogen. Es summte wie in einem Bienenkorb. Erinnern kann ich mich nicht mehr, wann und wo Christine Kaufmann dann erschien. Aber an das große Gedränge und Geschiebe, das sofort einsetzte, kann ich mich noch gut erinnern. Wir hatten kaum mehr Hoffnung, nah an sie heran zu kommen, um unser Geschenk zu überreichen. Irgendwie schafften wir es aber. Wir waren von der kleinen Schauspielerin überwältigt. Was hatte sie für wundervolles langes Haar. Wie leuchteten ihre großen Augen, als sie zu uns sprach! Sie sah aus, als hätte sie ein Künstler gemalt. Kein Wunder, dass jemand, der so schön war wie sie, in einem Film mitspielen durfte. Wir überreichten unser Buch. Sie nahm es, lächelte uns an, bedankte sich, und dann waren wir auch schon abgedrängt. Keine Chance, noch einmal in ihre Nähe zu kommen. An diesem Tag wurden wir glühende Verehrerinnen der kleinen Christine Kaufmann. Für längere Zeit lieferte sie uns Gesprächsstoff und Träume. Das Programmheft des Films hütete ich wie meinen Augapfel. Leider ist es mir im Laufe der Jahre abhanden gekommen. Heute hätte es nicht nur einen ideellen Wert für mich, sondern auch einen materiellen für Sammler. Denn Dinge aus den 50er Jahren des vorigen Jahrhunderts sind heutzutage äußerst gefragt.

Sonntag

Die ganze Woche über freute ich mich auf Sonntag. Da war schulfrei. Am Samstag tippelten wir selbstverständlich zur Schule. Ich hätte mir nicht träumen lassen, dass meine Kinder das einmal nicht mehr tun würden. Auch für die Erwachsenen war der Samstag ein Werktag. Nicht nur auf dem Papier. Der Sonntag aber diente der Erholung. Zum Leidwesen von meinem Bruder und mir begann der Tag aber so zeitig wie jeder Tag in der Woche. Meine Mutter weckte uns, damit wir pünktlich zum Kindergottesdienst kamen. Im Sommer wie im Winter. Wir zogen unsere Sonntagskleidung an. Wir besaßen drei Sorten von Bekleidung: die für die Schule, die für Sonn- und Feiertag, und die zum Spielen. Einmal im Jahr gab es neue Sachen. Am Karfreitag die Kleidung für die Schule, am Ostersonntag die für Sonn- und Feiertage. Aus der Schulkleidung vom vergangenen Jahr sollte eigentlich die für draußen und zum Spielen werden. Daraus wurde meist nicht viel, weil wir nicht mehr in die alten Kleider passten. Bis zu der Kirche war es ein Fußweg von 20 Minuten. Der Weg war ein anderer als der zur Schule. Ich erinnere mich noch genau, welche Kälte im Winter in dem großen, hohen, zugigen Kirchenschiff herrschte. Es war unbeheizt. Selbst die wärmste Kleidung half wenig. Wie wilde Fohlen stürmten wir Kinder dann nach dem Gottesdienst aus der Kirche nach Hause. Bis zum Mittagessen war es nicht mehr lang. Es gab ein besonderes Essen. Einmal in der Woche stand jetzt schon mal Fleisch auf dem Tisch. Am Sonntag. Und meist auch ein Pudding zum Nachtisch. In den Wintermonaten brannte im Wohnzimmer das Feuer im Ofen. Es war richtig gemütlich, und wir ließen es uns gut gehen. Sonst wurde die gute Stube nur beheizt, wenn es extrem kalt war oder wenn Besuch kam. Etwa der Herr Pfarrer, der regelmäßig nach seinen Schäfchen sah. Meine Mutter brühte dann Kaffee auf. Ausnahmsweise Bohnenkaffee, der sehr teuer war. Er wurde daher nur in kleinen Mengen angeboten. Ein Viertelpfund kostete mehr als drei Mark und reichte bei uns Wochen. Bohnenkaffee war etwas Herrliches! Schon im Treppenhaus roch ich, wenn meine Mutter ihn bereitet

hatte. Gleichzeitig wusste ich dann auch, dass bei uns Besuch war.
Nach dem sonntäglichen Mittagessen wurde gespült und danach, wie an jeden Tag auch, die Küche geputzt. In der Woche erledigte das meine Mutter. Am Sonntag aber legte sie sich hin und übertrug mir diese Arbeit. Als ich älter war, bekam ich als Belohnung Geld für einen Kinobesuch. Manchmal sparte ich das, manchmal ging ich ins Kino. Meine Eltern waren keine begeisterten Kinogänger. Aber als „Schwarzwaldmädel“ mit Sonja Ziemann in der Hauptrolle gegeben wurde, schauten sie sich den Film an. Das besondere nämlich war, dass es sich um den ersten Farbfilm nach dem Krieg handelte, der in den Lichtspielhäusern gezeigt wurde. Ich hätte ihn mir so gern auch angesehen, aber meine Mutter erlaubte es nicht, denn der Film war erst ab 12 Jahre freigegeben. Damals stellte Kino noch ein sehr gestörtes Vergnügen dar. Oft riss der Film. Alle Herrlichkeit endete unvermittelt mit einem leiernd ersterbenden Ton. Die Leinwand wurde hell und war leer. Dann schlossen sich mit einem ratschenden Geräusch die schweren dunkelroten Vorhänge davor. Manchmal dauerte es unheimlich lang, ehe der Film weiterging. Je länger es dauerte, umso mehr wurde im Zuschauerraum gejohlt und gepfiffen. Regelmäßig Unterbrechung gab es auch, wenn eine Filmrolle zu Ende war und der Filmvorführer hoch hinter unseren Köpfen in seinem hellen Vorführraum die Rollen wechselte und den Filmstreifen einfädelte. Beim Neustart erschienen hintereinander erst viele große schwarze Ziffern, Kratzer, und es flimmerte fürchterlich, bis endlich wieder Bilder zu sehen waren.
Meine Mutter war eine große Musikliebhaberin. Am Sonntag hörte sie gern eine ihrer Lieblingsschallplatten an. Das war zum Beispiel „Dein ist mein ganzes Herz“ oder „Die Himmel rühmen“. Auch „Hoffmanns Erzählungen“ und „Die lustige Witwe“ legte sie oft auf. Mein Vater war in der umfangreichen Plattensammlung nur durch „Gute Nacht Mutter“ vertreten. Das erste, was meine Eltern sich für ihren Hausrat noch vor ihrer Hochzeit angeschafft hatten, war dieser Musikschrank gewesen. Er bestand aus hellem, glänzendem Holz und hatte gerundete Ecken. Oben befanden sich das Radio und der mit Stoff verklei-

dete Lautsprecher, darunter konnte ein Fach nach vorne ausgezogen werden, wobei der Plattenspieler zum Vorschein kam. Im unteren Schrankteil befanden sich hinter zwei Drehtüren in einem rot ummantelten Drahtgestell hochkant einsortiert die Platten in ihren Hüllen. Wie mein Vater einmal erwähnte, sei dieser Musikschrank sündhaft teuer gewesen. Während er das sagte, drehte er die Augen vielsagend nach oben. Der Musikschrank hatte einen besonderen Platz neben dem Fenster. Er beherrschte die halbe Wandbreite. Kein anderes Möbel stahl ihm die Schau. Über Eck an der Wand stand unsere Couch mit einem Tisch davor, den man mit einer seitlich angebrachten Kurbel erhöhen konnte. Gegenüber platzierten zwei passende Sessel. Die Sitzgruppe konnte mit einer Stehlampe beleuchtet werden. Erst als sie mit 75 Jahren in eine Seniorenwohnung zog, trennte sich meine Mutter gezwungenermaßen von dem Musikschrank. Er funktionierte bis zuletzt einwandfrei. Alle anderen Wohnzimmermöbel hatten zu diesem Zeitpunkt längst das Zeitliche gesegnet.

Im Sommer machten wir oft Ausflüge. Wir nahmen Verpflegung für den ganzen Tag mit. Erst viel später, als die Zeiten besser geworden waren, kehrten wir unterwegs mitunter in ein Gartenlokal ein. Wir Kinder bekamen dann eine Limonade. Ansonsten gab es allenfalls einen Marschstopp an einem der zahlreichen Wasserhäuschen, wo meine Eltern ein Flasche mit kühlem Bitzelwassser für uns kauften. Natürlich machten wir unsere Ausflüge zu Fuß, bis die Sohlen qualmten. Die führten durch Wiesen und Felder, häufig an den Main. Im Sommer pflückten wir aus dem Meer von Margeriten, auf das wir trafen, einen großen Strauß für daheim. Im Herbst sammelten wir Fallobst auf, vor allem Äpfel, die meine Mutter dann zu Apfelkompott oder Mus verarbeitete. Einwandfreie Äpfel kamen oben auf den Schrank im Schlafzimmer als Vorrat. Meine Mutter hatte zwar längst nicht eine so beeindruckende Stimme wie ihre Freundin Heidelinde, aber sie sang gern und oft. Daher war unser Repertoire an Liedern von klein auf ansehnlich. Wenn wir durch die Natur streiften, stimmten wir Fahrtenlieder an, etwa *Im Frühtau zu Berge*, *Hoch auf dem gelben Wagen*, *Wenn alle Brünnlein fließen*, *Mein Vater war ein Wandersmann* oder *Muss i denn, muss i denn….* Auch daheim bei der Hausarbeit sang meine Mutter oft. Und natürlich abends an meinem Bett. Ich durfte mir dann ein Lied wünschen. An erster Stelle stand für mich: *Heidschi bumbeidschi*. Zuerst war nur die Melodie einfach wunderbar für mich, so dass ich das Lied immer wieder hören wollte. Als ich etwas älter war und den Text verstand, liefen bei der dritten Strophe „ ...und ist auch dein Mutter gegangen. Und ist sie gegangen und kehrt nicht mehr heim und lässt ihr klein's Bübchen alleine daheim", meine Tränen in Strömen. Daran änderte auch die Versicherung meiner Mutter, sie werde immer bei mir sein, absolut nichts. Es gab noch zwei weitere Lieder, die so tieftraurig sind. Weil sie mich so sehr anrührten, hätte meine Mutter sie gerne vermieden, aber ausgerechnet diese Lieder, hatte ich besonders in mein Herz geschlossen. Es waren *Mamatschi, schenk' mir ein Pferdchen* und *Vogel fliegst in die Welt hinaus*. In dem Vogel-Lied wird von einem Sohn erzählt, der in die Welt hinaus geht, dort sein Glück macht und an seine Mutter nicht mehr denkt. Dann aber verarmt er und kehrt nach Hause zurück. Doch er trifft seine Mutter in ihrem Stübchen nicht mehr an. Sie liegt nämlich bereits auf dem Friedhof. Die letzte Strophe endet. „Schließ sie ein in dein Gebet, die Reue kommt zu spät." Da ich immer sehr weinen musste, versuchte mein Vater mich auf vielfältige Art zu trösten. Es nützte wenig. Meine Tränen flossen wie Brünnlein. Selbst jetzt, da ich dies schreibe, bin ich tief berührt, weil ich vermute, dass diese Lieder wohl irgendwann einmal aus realem Anlass entstanden. Dass dies tatsächlich so sein könnte, erfuhr ich vor kurzem zufällig: Zur Zeit der Türkenkriege im 15. Jahrhundert soll es einen Anführer namens Hadschi Bombasch gegeben haben, verriet die Quelle. Er suchte Knaben im Alter zwischen sieben und vierzehn Jahren aus, ließ sie gefangennehmen und in die Türkei bringen, wo sie bei den „Junitscharen", der Elitetruppe im Osmanischen Reich, ausgebildet wurden. Diese Zwangsrekrutierung ist als „Knabenlese" bekannt gewesen.

Ein ganz besonderes Erlebnis war ein Besuch des Flughafens. Wir starteten sehr zeitig, denn es war ein weiter Weg dorthin. Wir fuhren erst mit der Straßenbahn und dann mit dem Omnibus. An dem Gebäude stand in großen Buchstaben FRANKFURT

RHEIN-MAIN. Zu dieser Zeit war Fliegen der reinste Luxus. Deshalb kamen an den Sonntagen immer viele Besucher zum Flughafen. Sie konnten ganz nah am Rollfeld stehen und zuschauen, wie die Passagiere zu ihrer Maschine gingen, einstiegen und wie kurz danach gestartet wurde. Mein Vater geriet jedes Mal ins Schwärmen, wenn wir vor einer JU 52 standen, die auf dem Gelände thronte. Es gab einen Rundgang durch das Areal und einen Abstecher in eine Halle, wo wir einer Simulation zusahen, die den Ablauf von Start und Landung zeigte und erklärte. In einer Restauration nahe dem Rollfeld warteten immer einige Fluggäste auf ihren Abflug. Jeder konnte hier Platz nehmen, sofern er über notwendiges Kleingeld verfügte. Einmal flüsterte mir mein Vater zu. „Schau mal nach links, am letzten Tisch sitzt die Hilde Krahl!“ Für mich sah die Frau ganz normal aus; nur war sie besser gekleidet als die anderen. Sie unterhielt sich mit ihren Tischnachbarn. Ich hatte keine Ahnung, dass sie eine berühmte Filmschauspielerin war. UFA-Größen konnte man hier regelmäßig begegnen. Sie bewegten sich ganz natürlich unter den anderen Menschen. Bodyguards waren noch nicht in Mode. Schauspieler gehörten zu den wenigen, die sich damals schon die Flugpreise leisten konnten. Wie hoch die Anfang der 50er Jahre waren, weiß ich nicht. Als 1958 der regelmäßige Linienverkehr nach Amerika aufgenommen wurde, kostete ein Rückflugticket nach New York fast 4000 D-Mark. Für diesen Preis hätte man ebensogut einen VW Käfer kaufen können. Als wir zurückfuhren, erzählte mir mein Vater: „Nicht weit von hier auf der Reichsautobahn Frankfurt-Darmstadt bei Mörfelden ist im Januar 1938 Bernd Rosemeyer bei einem Geschwindigkeitsrekord mit seinem Rennwagen tödlich verunglückt. Er war fast 430 km/h schnell und nicht einmal 30 Jahre alt. Eine Windböe soll den tragischen Unfall verursacht haben.“ Später, als wir ein Auto hatten, zeigte mir mein Vater die Stelle genau. Der Flughafen Frankfurt ist mir nicht nur wegen unserer Besuche dort in Erinnerung geblieben, sondern auch wegen eines schrecklichen Unglücks, das sich in seiner Nähe ereignete, als ich neun Jahre alt war. Ganz Frankfurt sprach davon. Zu uns nach Hause hatte mein Vater die Nachricht gebracht. Eine niederländische Propellermaschine[1] mit mehr als 40 Menschen an Bord war im Landeanflug auf den Flughafen abgestürzt, nicht weit von der Stadt entfernt. Da der nächste Tag ein Sonntag war, beschloss mein Vater, zum Unglücksort zu gehen. Wie er uns später berichtete, war die halbe Stadt dort. Es muss ein fürchterlicher Rummel gewesen sein! Das Flugzeug hatte eine breite Schneise in den Wald gerissen. In den Bäumen hingen überall Dinge aus dem Gepäck der Passagiere. Ganz Deutschland war über den Absturz entsetzt, und noch Jahre später war diese Schneise im Wald zu sehen. Den Absturz überlebten nur zwei Menschen.

Ein besonderes Sonntagsvergnügen war für uns Kinder der Kinderfunk, der spannende und lustige Geschichten ausstrahlte. Meine Schulkameradin Margitta war beim Kinderfunk. Sie sprach viele Rollen. Ich hörte ihre Stimme immer sofort aus allen anderen heraus. Weil sie beim Hessischen Rundfunk mittat, genoss Margitta in der Klasse hohes Ansehen. Aber sie bildete sich darauf nichts ein.

Mein Vater war ein Fußballfan. Er besuchte häufig im Stadion Spiele. Für mehr als einen Stehplatz hinten reichte das Geld nicht. Das Stadion war weit von unserem Haus entfernt im Stadtwald. Eifrig bemühte sich mein Vater, mich für den Fußballsport zu begeistern. Vergeblich. Er versuchte Jahre später sein Glück bei meinem jüngeren Bruder Michael. Den nahm er schon als ganz kleines Kind mit. Ich erinnere mich an eine besondere Begebenheit: Meine Mutter hatte Michael ein neues, helles Mäntelchen angezogen. Unglücklicherweise begann es zu regnen. Dabei blieb es über Stunden. Als unsere beiden Fußballfreaks heim kamen, war Michaels schöner Mantel voller Dreckspritzer. Mein Vater gab an, dass sich mein Bruder gemeinsam mit anderen Kindern die Zeit mit Pfützenspringen vertrieben hatte. Ihn störte der Schmutz am Mantel überhaupt nicht. Meine Mutter aber wurde wütend. Da hing dann der Haussegen verdammt schief. Fortan ging mein Vater allein zu den Fußballspielen, manchmal auch zum Sechstagerennen auf der Radrennbahn. Wenn ein besonders interessantes Fußballspiel im Fern-

[1] DC-6 der KLM: Absturz 22.03.1952 – 42 Tote

sehen übertragen wurde, leistete er sich auch schon mal ein Bier in einer nahe gelegenen Gastwirtschaft, in der es einen Fernseher gab. Das waren seine bescheidenen Vergnügen. Die Übertragungsrechte für die Fußballspiele übrigens kosteten anfänglich gerade mal 1000 bis 2000 Mark, stiegen aber schon bald auf das Zehnfache und mehr an.

Unterhaltung und Spaß für die ganze Familie gab es ziemlich regelmäßig bei der Familie eines Arbeitskollegen meines Vaters. Und das hatte seinen Grund! In der Wohnung dieser Leute stand ein in dieser Zeit noch seltener, heiß begehrter Luxusgegenstand: ein Fernseher. Er lieferte zwar nur Bilder in schwarzweiß, aber eine ganz tolle Sendung. Die hieß „1:0 für Sie" und lief alle zwei Wochen am Sonntag um 20 Uhr. Zu diesem Anlass wurde in der Wohnung unserer Gastgeber aufgerüstet, denn es kamen außer uns noch andere Fern-Seher. Die, die in der Nähe wohnten, brachten Stühle mit, alle hatten etwas zum Essen dabei. Das wurde auf einem großen Tisch aufgebaut. Meine Mutter machte immer Kartoffelsalat, weil der nicht zu übertreffen sei, wie alle meinten. Auch der legendäre Käse-Igel fehlte nicht. Die Stühle wurden kinomäßig aufgebaut, wir Kinder vor den Stühlen auf dem Boden. „Dass ihr euch bloß benehmt", vergatterte uns meine Mutter jedes Mal vor dem Abmarsch. Allen Ermahnungen zum Trotz entarteten diese Fernsehabende immer zu einem wüsten Kinderfest, bei dem es über Tisch und Bänke ging sowie auf sämtliche Betten, die wir als Trampolin benutzten, bis einer der Väter mit der Androhung von Strafe vorübergehend für Ruhe sorgen konnte. Die Heimwege in der Dunkelheit blieben mir unvergessen. Unsere Eltern ließen uns in ungewohnter Weise freien Lauf und waren in einer auffallenden Weise gelassen und heiter, woran vermutlich der Wermut Schuld trug.

Ich kann mich noch gut an die Unterhaltungssendung erinnern. Sie wurde von Peter Frankenfeld geleitet. Er trug immer eine Jacke mit ganz großen Karos in schwarzweiß. Mit einer fliegenden Untertasse, die er aus seiner Jackentasche zog, während er ins Publikum ging, schoss er einen Propeller in die Zuschauermenge. Wer den fliegenden Kunststoffring auffing, durfte mitspielen. Es gab viele lustige Spiele, wobei es um Geschicklichkeit ging. Als einmal Luftballons schadlos rasiert werden sollten, war aller Gelächter groß. Mein Vater sagte zu uns Kindern: “Probiert das doch auch mal!“ Wir haben es später wirklich probiert. Kein Ballon blieb heil. Wer am Ende gewonnen hatte, wartete gespannt auf den Briefträger, der zwei verschlossene Umschläge für ihn brachte. Der Gewinner durfte einen Umschlag wählen. Wenn er Glück hatte, zog er den, der einen schönen Preis enthielt, etwa eine Reise. Im anderen Umschlag war ein Trostpreis. Der Briefträger hatte einen so witzigen Namen, dass ihn sich jeder merkte: Spahrbier. Walter Spahrbier. Er war tatsächlich Briefträger von Beruf. Für „1:0 für Sie“ durften die Zuschauer auch Begriffe einsenden. Einen davon versuchte Peter Frankenfeld dann in der Sendung zu malen, und ein Prominenter musste den Begriff in dem Bild herausfinden. Dazu hatte er 20 Fragen frei. Erriet er den Begriff nicht, bekam derjenige, der den Begriff eingeschickt hatte, einen Preis. Es war eine lustige, unterhaltsame Sendung für die damals etwa 60.000 angemeldete Besitzer einer Glotze und das Heer von nicht Angemeldeten sowie die vielen eingeladenen Zuschauer. Insgesamt sollen rund 500.0000 Menschen die Spielshow verfolgt haben. Leider wurden die Sendungen damals nicht aufgezeichnet.

Schule

Ich war im November sechs Jahre alt geworden. Kurz vor Weihnachten wurde mein Bruder geboren. Mit seiner Ankunft stahl er mir zum ersten Mal die Schau. Mein bevorstehender Schulanfang, der bisher das ganz große Gesprächsthema in unserer Familie gewesen war, rückte in den Hintergrund. Jetzt drehte sich alles nur noch um Baby Michael. Im April war es dann so weit. Mein erster Schultag. Ich trug auf dem Weg zur Kirchnerschule, so hieß die Volksschule unseres Stadtteils, stolz meine große Schultüte im Arm und einen Tornister aus braunem Leder, in dem sich eine Schiefertafel, ein kleiner Schwamm und ein Griffelkasten befanden, auf dem Rücken. An der einen Seite des Schulranzens baumelte ein weißer Lappen, der zum Trockenreiben der Schiefertafel gedacht war. Pünktlich zur Einschulung im April, ich meine es war der 1., wurde Michael krank, so krank, dass meine Mutter an meinem Einschulungstag daheim bleiben musste. Deshalb ging mein Vater alleine mit mir in die Bergerstraße, wo die Schule stand. Der Krieg hatte sie verschont. Es war ein großer Klotz mit vielen Fenstern und vielen Treppen vor der Eingangstür. Diese Tür war groß und aus massivem Holz. Wir kleinen Schüler mussten uns mit ganzer Kraft unseren Körper dagegen stemmen, um sie aufzuschieben. Hinter uns schloss sie sich automatisch. Dem Gebäude vorgelagert war der Schulhof, der an die Straße grenzte und eingezäunt war. Vor dem Eingang auf den Hof hing an zwei Pfosten eine Eisenkette. Sie sollte verhindern, dass die Schüler auf die Straße liefen. Sie mussten nach rechts oder links abbiegen, um den Schulhof zu verlassen. Auf der durchhängenden Eisenkette wurde geschaukelt, und manchmal vollführten welche sogar Kunststücke daran, so lange, bis eine Lehrkraft nahte. Dann hauten sie ab. Wir brauchten gut 20 Minuten in mäßiger Gangart von unserer Wohnung bis zur Schule. Ich kannte den Weg bereits und auch das Schulgebäude, denn ich war dabei gewesen, als meine Mutter mich in der Schule anmeldete. Als wir anlangten, war schon eine Menschenmenge auf dem Schulhof versammelt. Darunter entdeckte ich viele Nachbarskinder. Sie trugen wie ich eine Schultüte und einen Schulranzen. Ein Fotograf war auch zur Stelle. Er bot den Eltern an, von ihren ABC-Schützen ein Foto zu machen. Das ging damals nur in schwarzweiß. Mein Vater ließ mich fotografieren. Dazu musste ich mich alleine auf die Stufen der Treppen stellen und „schön lächeln". Ich war mächtig stolz, weil alle auf mich schauten, während fotografiert wurde. Später gingen wir aber noch zu einem Fotografen, der in seinem Geschäft ein Portrait-Foto von mir machte. Das habe ich heute noch. Dann schellte die Schulglocke. Kurz danach wurde die schwere Holztür geöffnet, und heraus kamen ein Mann und eine Frau. Beide hatten einen Zettel in der Hand. Mir war sofort klar, dass dies die Lehrer waren. Sie winkten uns heran. „Ich lese jetzt Namen vor. Wenn ihr euren Namen hört, stellt euch hier in einer Zweierreihe auf. Die Frau zeigte nach rechts. Der Mann sagte danach dasselbe. Nur sollten sich bei ihm die Kinder links aufstellen. Meinen Namen nannte die Lehrerin. Ich war sehr froh darüber, denn sie hatte ein freundliches Gesicht und schaute nicht so ernst wie der Herr Lehrer. Mein Vater gab mir einen Kuss, und ich stellte mich in die Reihe. „Ich führe euch jetzt in euren Klassenraum!", sagte meine Lehrerin dann und ging flott voran ins Innere des Gebäudes. Dort befanden sich an einem langen Gang rechts und links viele Türen. Am Ende des Flurs führten an jeder Seite Steinstufen hinauf in die erste Etage. Im Flur gab es seitlich an der Wand ein großes Becken mit einem Hahn darüber, mit dem sich Trinkwasser zapfen ließ, wie ich erfahren sollte. Aber verbotenerweise konnte damit auch wunderbar gespritzt werden, wenn man mit dem Finger am Auslauf den Wasserstrahl auf jemanden lenkte. Wir brauchten nicht weit zu gehen. Gleich vorne öffnete die Lehrerin eine Tür und sagte, wir sollten eintreten und uns einen Platz suchen. In dem Raum war in Front ein Podest, auf dem ein Tisch mit einem Stuhl dahinter stand. An der Wand hing eine große schwarze Tafel. Später bekam unsere Klasse eine dreiteilige Tafel. Die beiden, kleineren Teile an den Seiten ließen sich einklappen. Vor dem Podest standen in mehreren Reihen Bänke. Darauf war Platz für jeweils zwei Schüler. Vor den Bänken befand sich eine schräge Arbeitsplatte. Ganz oben konnten in einer länglichen Einkerbung Griffel, Stifte sowie ein Federhalter abgelegt werden. Daneben eingelassen war ein Tintenfass. Seitlich an einem Haken wurde der Schulranzen aufgehängt. Unter der Tischplatte hatten Bücher und Hefte Platz. Tische und Bänke waren fest miteinander verbunden und aus dunklem, braunen Holz. Auf den Tischplatten entdeckte ich viele Kratzer, Einkerbungen, eingeritzte Namen und Herzen sowie getrocknete Tintenkleckse. Um die Plätze entstand ein wildes Gerangel, weil alle befreundeten Kinder unbedingt nebeneinander sitzen wollten. Endlich saßen alle. Auch die Lehrerin. „Guten Tag, Kinder. Ich heiße Frl. Niermann und bin eure Klassenlehrerin. Eure Klasse ist die 1a. Die Lehrerin stand auf, nahm aus einem Fach unter der großen Tafel ein Stück weiße Kreide und schrieb damit quietschend und groß 1a auf die Tafel. Auch an unserer Klassentür stand von außen 1a, stellte ich bald fest. Dann fragte die Lehrerin, ob jemand nicht gut hören könne, weil der dann unbedingt ganz vorne sitzen müsse. Aber wir hörten alle gut. Da auch kein Langer vor einem Kurzen saß, durften wir so sitzen bleiben, wie wir uns hingesetzt hatten. Dann holte Frl. Niermann aus einer Schublade in ihrem Tisch ein Blatt. Sie erklärte uns, dass sie auf diesem Blatt alle Sitzplätze der Klasse eingezeichnet habe und jetzt unsere Namen dort eintragen werde, damit sie uns schneller kennenlerne. Wir nannten nacheinander unsere Vornamen, und unsere Lehrerin schrieb sie in ihren Plan. Nicht mal zwei Wochen später brauchte sie den Plan aber schon nicht mehr. Dann ging es um Regeln und Verhaltensweisen in der Schule und im Unterricht. „An die Haken draußen neben der Tür hängt ihr ordentlich eure Überkleidung. Der Schrank da hinten enthält Lehrmittel und ist verschlossen. Wenn jemand mal dringend austreten muss, kann er sich melden und ausnahmsweise während des Unterrichts den Klassenraum verlassen und schnell zum Abort gehen!“ So ging es weiter. Wir wurden belehrt, dass im Unterricht nicht geschwatzt und gegessen werden darf, dass der, der etwas sagen will, mit dem Finger aufzuzeigen hat und warten muss, bis Frl. Niermann ihn auffordert zu sprechen. „Nur mit dem Finger aufweisen, nicht mit den Fingern schnippen“, betonte sie. Die erste Schulstunde war im Nu vorüber. Am Ende sagte unsere Lehrerin. „Ich gebe euch für zu Hause etwas auf. Malt ein Osterkörbchen.“ Und das weiß ich noch genau: Ich zeigte sofort ordentlich auf. Frl. Niermann schaute auf ihren Sitzplan.

„Ja, bitte“ sagte sie und nannte meinen Namen. „Darf ich ein Babykörbchen malen?“ Ich erzählte, dass ich gerade ein Brüderchen bekommen hatte. Ich durfte als einzige aus der Klasse ein Babykörbchen malen.
Dann gingen meine Schultage an wie die Kreuzberger Nächte. Ganz langsam. Anfangs hatten wir nur ein oder zwei Stunden Unterricht. Aber rasch wurden mehr daraus. Inzwischen hing mein Stundenplan neben unserem Küchenschrank. Ich hatte Rechnen, Schreiben, Lesen und Leibeserziehung. Geturnt wurde entweder auf dem Schulhof, wo eine Sandgrube für den Weitsprung angelegt war oder später in der neu erbauten Turnhalle. Unsere Turnsachen brachten wir in einem Turnbeutel mit. Auf meinen hatte meine Mutter meinen Namen gestickt. Er war aus einem blauen Stoff. Oben konnte er mit einem Tunnelband zugezogen werden. Er diente uns bei diversen Auseinandersetzungen vortrefflich als schwungvolle Waffe und wurde von den absolut Unsportlichen regelmäßig daheim vergessen. Wie fast alle Kinder hatte ich eine kurze Hose und ein passendes Oberteil ohne Ärmel mit Rundhalsausschnitt. Die Turnkleidung bestand aus einem gerippten Material und war sehr dehnbar. Es gab sie in schwarz und in blau. Oberteile konnten auch weiß sein. Turnschuhe waren Pflicht. Der Boden in der Turnhalle durfte nicht mit Straßenschuhen betreten werden. Wir zogen uns in den Umkleidekabinen um und zwar „so rechtzeitig, dass der Unterricht sofort nach dem Schellen beginnen kann“, wie unser Lehrer für Leibesübungen angeordnet hatte. Er war jung, groß, schlank, gutaussehend. Die älteren Schülerinnen waren scharenweise in ihn verknallt. Dramen spielten sich ab, wenn irgendwer irgendwas aus seinem Besitz nach dem Turnunterricht in der Umkleidekabine vermisste. Es wurde mitunter ein Dieb ausgemacht, aber meist blieben die verschwundenen Dinge nachhaltig verschwunden. Und was Wertvolles besaß ein Schüler damals schon außer Murmeln und vielleicht ein paar Pfennigen? Bis zur Armbanduhr und zum Gameboy war es noch ein weiter Weg. Es gab weitere Fächer wie etwa Religion, Heimatkunde, Schönschreiben und Handarbeit. Und Musik! Da ging es aber nur um Singen. Wir sangen viel, gern und laut. Manche schrecklich

falsch. Das war nicht in allen Fällen Absicht. Den Religionsunterricht erteilten die Geistlichen beider Konfessionen.
Die Klassen waren groß. In meiner waren anfangs, meine ich, 36 Schüler oder sogar mehr. In der 1b ungefähr etwa ebenso viele. Im Laufe des Schuljahrs kamen aber immer wieder neue Kinder dazu. Irgendwann waren die Klassen dann überfüllt. Sie mussten geteilt werden. Dadurch entstand die Klasse 1c. Kummer und Tränen gingen mit dieser Teilung einher, denn es klappte nicht, alle Klassenfreunde beieinander zu lassen. Anfangs füllten wir die Linien auf unseren Schiefertafeln reihenweise mit Spazierstöcken, die sich f nannten oder mit schmalen t. Dann kamen O, U und dickbäuchige kleine a dazu. Auf ewig in meiner Erinnerung bleiben werden die Rucksack-s. „Wir schreiben ein schönes kleines s.“ Während unsere Lehrerin das sagte, schrieb sie bereits ein solches schönes kleines s auf die Tafel. Aber das kannten wir ja längst! „Und jetzt, Kinder, passt gut auf, packen wir dem s einen Rucksack auf den Buckel. So!“ Wir lachten, denn dieses Rucksack-s, das ß nämlich, fanden wir sehr komisch „Das ist ein besonderes s! Ihr müsst es ganz scharf aussprechen. Wie zum Beispiel am Ende von großßßß.“ Frl. Niermanns Zischen klang wie das einer bösen Schlange und wollte kein Ende nehmen. Von allen mir bis dahin bekannten Buchstaben liebte ich das Rucksack-s am meisten. Ich lud ihm immer einen ordentlich dicken, runden Rucksack auf. „Eure Buchstaben sollen wie Zwillinge aussehen!“, sagte unsere Lehrerin ein anderes Mal und schrieb an die Tafel eine Reihe vorbildlicher Lettern. Wenn sie uns nicht ebenso gut gelangen, war das nicht schlimm! Es wurde einfach weggewischt und neu geschrieben. Wir waren alle mit Feuereifer bei der neuen Sache. Meine Mutter ertrug es bald mit stoischer Gelassenheit, dass ich in der Stadt oder beim Einkaufen lange verweilte und mit Begeisterung Buchstaben aus jedwedem Geschriebenem, das ich entdecken konnte, klaubte. Auch das Eindringen in das Reich der Mathematik machte noch niemandem in der Klasse Schwierigkeiten. Frl. Niermann, die sowohl für Lesen und Schreiben als auch für Rechnen zuständig war, besaß ein ruhiges Gemüt und viel Geduld, um alles so lange und so oft zu erklären, bis es (fast) jeder begriffen hatte. Schule war für uns ein tolles Abenteuer! Ehe wir uns versahen, waren

die großen Ferien da. Natürlich fuhr damals noch niemand in die weite Welt hinaus. Wir vergnügten uns rund ums Haus oder auf dem nahegelegenen Lohrberg, wo es nicht nur einen Spielplatz mit ganz besonderen Geräten gab, sondern sogar ein mit Wasser gefülltes großes Becken, das Plantschen, Tauchen und einige Schwimmzüge erlaubte. Wasser war den ganzen Sommer lang in dem Bassin. Ab und zu wurde es abgelassen. Dann konnten wir sehen, dass der Boden ganz ordentlich schräg abfiel. Das Becken wurde sauber geschrubbt. Danach lief neues Wasser ein. Bis das Becken wieder voll war, dauerte sehr lange. Wir hatten notgedrungen einen trockenen Tag. Mehr Bade-Hygiene gab es nicht.

In meiner Erinnerung waren die großen Ferien allesamt herrlich warm, voller Sonne, abenteuerlich und so schön, wie es sich gar nicht beschreiben lässt. Wir wurden beinahe im Handumdrehen braun, mindestens so braun wie Kinder heute, wenn sie in den Ferien auf Mallorca sind. Einmal packte mich meine Mutter und wollte mir mit einem eingeseiften Waschlappen „endlich mal den schmutzigen Hals waschen.“ Das Unternehmen scheiterte kläglich, weil meine Mutter feststellen musste, dass der Schmutz an meinem Hals nichts anderes als Bräune war. Abends entluden sich häufig furchterregende Donnerwetter. Manchmal flackerte dann unheimlich das Licht im Raum, oder es wurde sogar für eine Weile ganz dunkel. Meine Mutter, die ein wandelndes Gedichtbuch war, begann dann mitunter zu zitieren: „Urahne, Großmutter, Mutter und Kind in dumpfer Stube beisammen sind…“ Bei dieser Ballade wurde mir immer ganz schön schaurig zumute. Dazu blitzte und krachte es zum Fürchten. Doch am nächsten Morgen schien wieder die Sonne. Die Sommerferien waren lang. Wenn sie dem Ende entgegengingen, sagte meine Mutter oft, es würde Zeit, dass der Schlendrian langsam ein Ende nähme. Sie hatte Recht. Auch ich war der Ferien plötzlich überdrüssig und freute mich auf die Schule. Zum Glück hatte ich gleich eingangs der Ferien meine Hausaufgaben erledigt! Denn ganz frei von Arbeit waren unsere großen Ferien nicht!

Nach den Ferien bekamen die Schüler, die bei den Bundesjugendspielen (das war von Anfang der 50er Jahre an ein Leichtathletik-Wettkampf, an dem alle Schulen teilnahmen) kurz vor

Beginn der großen Ferien teilgenommen hatten, ihre Urkunden. Wer eine Siegerurkunde oder gar eine Ehrenurkunde mit der Unterschrift von Bundespräsident Theodor Heuss errungen hatte, dem war eine gute oder sehr gute Zeugnisnote in Leibesübungen sicher. Gleiches galt für Viertklässler, die im Schwimmunterricht, der einmal wöchentlich im Stadtbad Mitte abgehalten wurde, das Schwimmen erlernt hatten.
Der Wandertag gehörte mit zum Schönsten, was der Schulalltag für uns bereithielt. Er hielt, was der Name versprach. Wir wanderten. Mit Verpflegung im Gepäck ging es zuerst in die nähere Umgebung, später mit der Straßenbahn in die etwas weitere. Wir wurden von zwei Lehrkräften begleitet. Manchmal unterstützte die eine oder andere Mutter die amtlichen Aufsichtspersonen. Wir sangen und lachten viel, und das Ausschweifen in die heimische Botanik bescherte uns in vielfältiger Weise Anschauungsunterricht. Für den Fall, dass der Wandertrupp zu erlahmen drohte, hatte Frl. Niermann ein probates Mittel im Gepäck. „Eins, zwei, drei, vier…“, erklang plötzlich fröhlich ihre Stimme. Wir wussten alle sofort, was gemeint war und suchten uns schnell einen Nachbarn zum einhängen. Arm in Arm in Reihe ging es weiter. „Fünf sechs, sieben, acht, neun, zehn“. Spätestens jetzt waren alle im Takt. Und wie aus einem Mund kam es: „Mein Hut, mein Stock, mein Regenschirm. Vorwärts, rückwärts, seitwärts, ran“. Der rechte Fuß folgte dem Spruch. Schon rief jemand wieder: Eins, zwei, drei…“ Jetzt musste mit dem anderen Fuß begonnen werden. Natürlich kam irgendwann irgendwer aus dem Takt, und unter Gelächter endete das Bewegungsspiel. Da waren wir aber fast an unserem Rastplatz angekommen. Auf Baumstämmen in der Runde sitzend holten wir hervor, was die Mütter daheim für uns zum Futtern eingepackt hatten. Gekochte Eier fehlten bei keinem. Doch sonst gab es erhebliche Unterschiede in der Marschverpflegung. Ein wildes Tauschen setzte daher ein. Wenn der Bauch zufrieden war, durften wir spielen. Am Völkerball beteiligte sich sogar Frl. Niermann. Unserer Meinung nach viel zu früh war es Zeit für den Rückweg. Wie immer wichen am Wandertag einige Klassenkameradinnen nicht von der Seite unserer Lehrerin. Sie klebten ihr förmlich am Rockzipfel. Wir anderen registrierten das mit Verachtung, denn

für diese Art des „Einschmeichelns“ hatten wir wenig übrig und es wurde bei nächstmöglicher Gelegenheit durch Klassenkeile geahndet. Dazu lauerten wir dem Opfer außerhalb des Schulgeländes auf, denn Handgreiflichkeiten waren im Schulhaus und auf dem Schulhof untersagt. Der nächste Aufsatz, den wir als Klassenarbeit zu schreiben hatten, ließ nicht lange auf sich warten. Und wie hieß das Thema wohl? Richtig! Unser Wandertag. Hätte uns damals jemand prophezeit, unsere Enkelkinder würden in einigen Jahrzehnten am Strand in fremden Ländern entlang wandern, weil aus den bescheidenen Schulausflügen weit führende Klassenfahrten geworden wären, wir hätten das für verwegene Träumerei gehalten!

Frl. Niermann trug immer ein großes Buch unter dem Arm, wenn sie unseren Klassenraum betrat. Das Klassenbuch. Vor Beginn des Unterrichts fragte sie als erstes: „Wer fehlt?“ Die Namen der Abwesenden wurden im Klassenbuch festgehalten. Alle Fehlzeiten tauchten dann im Zeugnis auf. Niederschrift im Klassenbuch fanden neben den Schülernoten in den schriftlichen Arbeiten auch die mündlichen sowie besondere Leistungen. Negatives wurde gewissenhaft notiert. Besondere Verfehlungen konnten mit Steigerung vermerkt werden: 1. Eintrag ins Klassenbuch, 2. Rüge, 3. Tadel. Der Tadel zog eine Lehrerkonferenz und Gespräche mit den Eltern nach sich. Drei Tadel bewirkten Schulverweis. Aber das kam in unserer Schule während meiner Schulzeit keinmal vor.

Schlechtes Benehmen bestrafte unsere Lehrerin sofort und zwar, wie damals üblich, damit, dass der Übeltäter in der Ecke stehen musste. Mancher erfuhr dadurch, wie entsetzlich lang eine Unterrichtsstunde sein kann. Auch von der Möglichkeit, durch Schreibarbeit zu läutern, machte sie fleißig Gebrauch. So musste meine Banknachbarin öfter 100mal schreiben: Ich darf nicht petzen. Da sie die Oberpetze in der Klasse war, schrieb sie sich die Finger wund. Strafarbeiten sowie Nachsitzen gehörten ebenfalls in den schulischen Strafvollzug. Nachsitzen hatte zur Folge, dass dadurch heftiger Ärger zu Hause entstand. Ebenso wie durch eine Nachricht, die Frl. Niermann handschriftlich mit roter Tinte in einem Hausarbeitsheft hinterließ, mit der Bitte um Unterschrift der Eltern darunter. Hier fällt mir plötzlich, ich weiß nicht, warum, das kleine, verteufelte Heft mit der Aufschrift: „Hausaufgaben“ ein. Es war ein ständiges Ärgernis! Regelmäßig erfuhr es Kontrolle auf saubere Führung und Vollständigkeit sowie gewissenhafte Erfüllung. Und zwar doppelt: einmal von der Lehrerin und einmal von den Eltern. Kein Löschblatt im Heft war eine weitere Freveltat. „Wo ist dein Löschblatt????“ stand dann blutrot schreiend im Heft. Weiß der Kuckuck, warum und vor allem wohin die Löschblätter immer verschwanden! Um einem immerwährenden Bedarf abzuhelfen, gab es die Dinger in einem verwaschenen rosa, hellblau und auch gelb einzeln zu kaufen

Wenn die Schüler lange Zeit ihre Aufgaben auf ihrer Tafel erledigt hatten, durften sie zu Papier wechseln. Nun wurden Hefte benutzt. Sie kosteten zehn Pfennige pro Stück. Es gab sie mit verschiedenen Linien für die jeweiligen Klassen und mit großen und kleinen Karos für Rechnen. Anfangs waren Ober- und Unterlinien noch eine Schreibhilfe. Dann fielen sie weg. Nach der Kreide- und Bleistiftzeit hielten endlich Federhalter und Tinte Einzug. Bei mir entartete das anfangs, wie bei den meisten anderen auch, zu einer fürchterlichen Kleckserei, und die Tränen tropften nur so auf die verschmierte Schrift. Jetzt fand ich die Schule manchmal fürchterlich. Zu meinem Geburtstag bekam ich dann einen Füllfederhalter. Geha hieß er und war sehr teuer. Mit ihm konnte die Tinte aus einem Tintenfläschchen in seinen Tank gezogen werden. Es gab Federn mit unterschiedlich dicken Spitzen. Je nachdem wie kräftig ein Schüler beim Schreiben die Feder malträtierte, wurde die passende ausgewählt. Da die Spitzen beim Schreiben oft verbogen oder auch bei hartem Bodenkontakt das Zeitliche segneten, wurden Austauschfedern angeboten. Mit der Zeit und durch viel Üben gelang mir dann letztlich ein Frl. Niermann und meine Eltern befriedigendes Schriftbild. Schönschreiben war und blieb wichtig, wurde bei Hausaufgaben und Klassenarbeiten benotet und sehr ernst genommen. Neben den bedeutenden Kopfnoten – Betragen, Fleiß, Aufmerksamkeit, Ordnung - im Zeugnis nahm die Bewertung der Schrift einen hohen Stellenwert ein. Um Schönschreiben und schönes Schreiben kam keiner herum. Später hielt der Füller, der relativ schmierfrei mit Tintenpatronen bestückt werden konnte,

Einzug. Ab 1950 dann konnte für den Wahnsinnspreis von 20 Mark eine Novität erworben werden: ein Kugelschreiber. Viele Schüler freuten sich über diese verheißungsvolle Errungenschaft von Herzen. Aber leider wurde der Gebrauch eines Kugelschreibers sofort in der Schule sowie bei der Erledigung von Hausaufgaben untersagt.

Vieles, was es heute nicht mehr gibt, war zu meiner Schulzeit Usus. Etwa der Schularzt. Er erschien in regelmäßigen Abständen in der Schule zu Reihenuntersuchungen. Wir wurden vermessen, gewogen und „durchgesehen". Mitunter erhielt danach ein Kind einen Zettel für die Eltern. Auch ein Zahnarzt kam und guckte unsere Zähne an. Zahnspangen waren noch kein Thema. Unsere Zähne wuchsen, wie sie wollten. Der Schulrat, mit viel Brimborium angekündigt, kam öfter mal in unsere Schule. Er saß dann in der hinteren Reihe und „wohnte dem Unterricht bei". An Schulspeisung kann ich mich nicht erinnern. Ich weiß, dass es sie gab und dass 10 Pfennige dafür verlangt wurden. Hingegen kann ich mich an die Schulmilch noch sehr gut erinnern. Sie wurde in Flaschen kistenweise angeliefert und konnte in der großen Pause abgeholt werden. Später gab es auch Kakao. Wer bestellt hatte, musste das Milchgeld bis zu einem bestimmten Stichtag an einen Mitschüler zahlen, der vom Lehrer abkommandiert worden war, das „Milchgeschäft" zu übernehmen. Da die Buchführung sowie das Geld sammeln, verwahren, besonders aber das nervige Eintreiben bei den Säumigen, eine leidige Geschichte war, wollte keiner diesen Job haben, freiwillig schon gar nicht. Daher wurde kurzerhand einer beordert, und der, den es getroffen hatte, der bemühte sich intensiv, das Amt so schnell wie möglich wieder los zu werden.

Eine aus meiner heutigen Sicht sehr nützliche Übung betraf das Kopfrechnen in besonderer Weise. Es eröffnete mehrmals die Woche unseren Unterricht und wurde verführerisch „Rechenspiel" genannt. Es ging so: Alle Schüler mussten aufstehen. Unsere Lehrerin stellte mündlich eine Rechenaufgabe. Wer das Resultat am schnellsten und richtig nannte, durfte sich setzen. Das Ganze ging in großer Geschwindigkeit so weiter, bis alle saßen. Ich hatte immer fürchterliche Angst, als letzte noch zu stehen. Den anderen ging es wohl genauso. Deshalb paukten wir daheim freiwillig das Einmaleins wie wild und wurden dadurch allesamt schnell kleine Rechenkünstler. Bis auf den heutigen Tag mache ich beim Einkauf noch immer eine Überschlagsrechnung, die ziemlich genau stimmt. Und so manches plakative Sonderangebot verrät sich mir auf Anhieb als Fälschung. Textaufgaben waren ebenso ein ganz großes Thema. Sie trieben mich oft bis an den Rand der Verzweiflung und beschäftigten meine Eltern regelmäßig und zeitintensiv, wobei ich feststellen durfte, dass Eltern durchaus nicht in jedem Fall so schlau sind, wie ihre Kinder vermuten.

Schon vor Beginn meiner Schulzeit, und vermutlich auch noch während meiner Schulzeit, gab es etwas, was sich heute keiner mehr vorstellen kann: Kohlenferien. Die wurden ausgerufen, wenn in eisiger Winterzeit kein Heizmaterial für die Öfen in den Schulen vorhanden war. Die Schüler mussten sich aber in der Schule regelmäßig Hausaufgaben abholen. Ich habe in meinem Gedächtnis gekramt, kann mich aber an solche Sonderferien nicht erinnern. Genau weiß ich nur, dass es sie gegeben hat. Im Winter 1946/47 beispielsweise. Da dauerten sie drei volle Monate. Das, auf alle Fälle, war vor meiner Schulzeit. Es gab auch im Herbst Ferien. Die Kartoffelferien. Sie wurden eingeführt, damit die Kinder auf dem Land bei der Kartoffelernte mithelfen konnten. Doch auch viele Schüler aus der Stadt beugten fleißig die Rücken, klaubten mit Eifer in den Furchen und schleppten die gefüllten Körbe zu den Erntewagen, denn als Lohn gab es – Kartoffeln. Unsere Familie legte die Spaziergänge in dieser Zeit natürlich über abgeerntete Felder. Buchstäblich im Vorübergehen sammelten wir dabei die Knollen auf, die liegengeblieben waren. Wir befanden uns dabei niemals ohne Gesellschaft. Das Erbe der Kartoffelferien bescherte späteren Schülergenerationen die Herbstferien, und die sogar befreit von jeder Fron. Statt Unterricht ab auf die Kartoffelfelder zur Schädlingsbekämpfung! Das war ein weiteres freudiges Ereignis in meiner Schulzeit. Mit Flaschen ausgerüstet, ging es den Kartoffelkäfern an den schwarzgefleckten Kragen. Die Schädlinge mit den zehn schwarzen Längsstreifen auf gelbem Grund wehrten sich gegen unsere Sammelleidenschaft mit einer widerlichen, klebrigen Absonderung. Die war sehr unangenehm an den Händen. Trotzdem

beförderten wir die Viecher massenweise in unsere Flaschen, und ihre rötliche Brut, die sich vielzählig unter den Blättern versteckt hatte, gleich mit.
Noch heute schätze ich mich glücklich, eine Lehrerin wie Frl. Niermann gehabt zu haben. Ihre Liebe zu Kindern schien grenzenlos. Und dies, obwohl sie ein älteres Fräulein ohne Mann und eigene Kinder war. An einem ihrer Geburtstage, es muss wohl ein runder gewesen sein, lud sie die ganze Klasse zu einer Feier in ihren Garten ein. Dieses fröhliche Fest ist mir unvergesslich geblieben. Alle in unserer Klasse, bis auf ganz wenige Ausnahmen, lernten bei ihr rasch und ohne große Probleme lesen. „Stellt euch vor, jeder Buchstabe ist ein Wagen. Jetzt hängt ihr einen Wagen an den anderen, wie bei einem Zug", sagte Frl. Niermann. So machten wir es dann und sprachen dabei die Laute vor uns hin. Zügig gingen somit unsere Lesefortschritte voran. In der 3. Klasse entwickelte ich mich zu einer Leseratte. Für mich und meine Eltern war es ein Segen, dass es eine Schulbibliothek gab. Ich war dort häufig auf der Suche nach Lesefutter. Geschenkte Bücher, die ich am Heiligabend ausgepackt hatte, waren innerhalb weniger Tage ausgelesen, und noch während der Feiertage nervte ich meine Eltern schon wieder, weil ich „überhaupt nichts mehr zu lesen" hatte.
Unsere Lehrerin konnte jedoch auch streng sein. Sie wurde beispielsweise sehr ungehalten, sogar fuchtig, vermutete sie, dass jemand sie hinterging. Zum Beispiel, wenn ein Schüler angab, sein Heft mit den Hausaufgaben leider daheim vergessen zu haben. Wiederholt schickte sie dann sofort den Betreffenden in Begleitung eines Klassenkameraden nach Hause, um das Heft zu holen. Wehe, die Hausarbeit war nicht in dem Heft zu finden! Lehrer gehörten in meiner Schulzeit zu den absoluten Respektspersonen. Sie konnten sich sicher sein, dass die Elternschaft ihre Autorität vorbehaltlos unterstützte. Absolut unvorstellbar wäre damals gewesen, dass ein Schüler es wagte, gegen seinen Lehrer die Hand zu erheben. Neben dem Lehrer gab es noch weitere Personen mit ähnlichem Status: den Pfarrer bzw. Pastor und den Doktor.
Wie es auch heute noch ist, waren früher die Schulwege angereichert mit Erlebnissen der besonderen Art. Da Händel großen

wie kleinen Stils im Schulbereich unterbleiben mussten, trugen Kontrahenten sie auf den Schulwegen aus. Der schöne, schattige Platz um die Johanniskirche herum war regelmäßig Schauplatz von Nahkämpfen. Er bot viel und vor allem gesicherten Raum sowohl für die Akteure wie auch die meist ansehnliche Zuschauerschar. Dabei verging die Zeit wie im Flug. Viel Zeit. Das hatte Folgen beim Heimkommen, da die Mütter mit dem fertigen Essen auf ihre Kinder warten mussten und zunehmend in Ängste gerieten. Hin und wieder gab es da schon mal Ohrfeigen. Tante Heidels Sohn war unter Seinesgleichen nicht sonderlich beliebt. Mit seiner zänkischen Art machte er sich viele Feinde. Irgendwann hatten die Schulkameraden von ihm die Nase voll. Nachdem Tante Heidels Junior mehr als eine Stunde Verspätung auf dem kurzen Weg aus der Schule hatte, ging sie voller Sorge auf die Suche nach ihm. Sie fand ihren Spross schließlich unweit seiner Volksschule im Günthersburgpark, wo er abseits der Wege an einen Baum gefesselt worden war. Trotz aller Ermittlungsversuche, selbst durch die Schulleitung, blieben die Täter unentdeckt.

Die Schulpflicht betrug acht Schuljahre. Erst 1964 wurde sie auf neun Jahre verlängert, und ich meine, der Schuljahresbeginn wurde gleichzeitig wieder von April auf August verlegt. Nach acht Schuljahren in der Volksschule wechselten die meisten Abgänger in eine Ausbildung, überwiegend in eine Lehre. Eine Arbeit als Handwerker war überaus begehrt und angesehen.

Wer eine weiterführende Schule besuchen wollte, musste sich in der 4. Klasse einer Aufnahmeprüfung unterziehen. Da ich zu den Besten der Klasse gehörte, war Frl. Niermann mit meinen Eltern der Meinung, dass ich diese Prüfung an einer Höheren Schule, einem Gymnasium, machen sollte. Neun Schuljahre führten dort zum Abitur. Daneben gab es noch die Mittelschule. Der Wechsel erfolgte ebenfalls nach vier Volksschuljahren, und diese Schullaufbahn endete nach sechs Schuljahren mit der Mittleren Reife. Ich wurde also zur Prüfung angemeldet. Meiner Sache war ich mir absolut sicher. Während diejenigen aus meiner Klasse, die den Noten nach weit hinter mir lagen, bestanden, rasselte ich durch. Das war der erste große schmerzliche Dämpfer meines Lebens. An dem Tag, als mit der Post die für mich niederschmetternde Nachricht kam, fürchtete ich das Eintreffen meines Vaters am Abend zum ersten Mal, denn ich schämte mich sehr. Noch heute sehe ich meinen kleinen Bruder in seinem weißen Kinderbett stehen. Er hielt sich an den hoch geschobenen Gitterstäben fest, schaukelte hin und her und leierte, was er aufgeschnappt hatte, ohne Pause: „Der Jutta ist ja gar nicht durch die Prüfung gefallen", womit mein Vater zunächst so recht nichts anfangen konnte, bis er von meiner Mutter die bittere Wahrheit erfuhr. Verschenktes Glück. Neues Glück. Ein Jahr später trat ich mit weniger Überheblichkeit erneut zur Prüfung an. Diesmal ging alles glatt. Die Sexta erwartete mich im April mit dem Abenteuer „Latein". Das Gymnasium war eine reine Mädchenschule. Ich hatte jetzt einen weiten Schulweg, quer durch die halbe Stadt, sechsmal in der Woche, denn erst vom Jahr 1973 gab es schulfreie Samstage, zuerst aber nur alle zwei Wochen und mit Hausaufgaben übers Wochenende. Meine Eltern mussten Schulgeld zahlen. Es betrug, meine ich, 20 Mark im Monat. Teilweise oder vollständige Befreiung war möglich. Meine Eltern hatten einen Antrag gestellt und mussten nicht den vollen Betrag bezahlen. Erst im Schuljahr 1958/59 entfiel dann das Schulgeld. Die Bücher wurden nicht gestellt. Kurz vor Ende eines Schuljahrs stürzte ich mich alle Jahre wieder mit anderen in den erbitterten Kampf um gebrauchte Lehrbücher aus den höheren Klassen. An einem der nächsten Weihnachtsfeste erwartete mich ein ganz großes Geschenk: ein funkelnagelneues Fahrrad, mit dem ich fortan zur Schule fuhr, außer im Winter. Da bekam ich eine Schülerkarte für die Straßenbahn. Das bescherte mir absolut keinen Vorteil, mal abgesehen davon, dass ich im Trockenen war, denn die für mich mögliche Strecke verursachte einen riesigen Umweg mit Umsteigen an der Hauptwache. Ich brauchte dadurch doppelt so viel Zeit wie mit dem Fahrrad.

Schlussverkauf

Zu einem ganz großen Einsatz kam es zweimal im Jahr. Das Ereignis nannte sich *Schlussverkauf.* Die Fensterfronten der großen Kaufhäuser waren verhangen worden und schürten die sich stetig steigernde Neugierde, was sich dahinter wohl verberge. Der Ausverkauf wurde am Montag gestartet. Am Samstag davor, kurz nach Ladenschluss, fielen die Hüllen. Damit begann unsere familiäre Schnäppchen-Attacke. Bewaffnet mit Bleistift und einem Notizbuch starteten wir zum Marsch durch die Innenstadt an den Auslagen vorbei. Meine Mutter führte das Kommando. Ich musste gewissenhaft aufschreiben, was sie wo in welchem Fenster als erkämpfenswert erachtete. Die Angebote waren in vielen Fällen mit Nummern versehen. Oft war neben dem Preis auch die Konfektionsgröße angegeben. Aber nicht immer. Nach unserem ausgiebigen Rundgang, den wir in der Prozession mit vielen Gleichgesinnten absolvierten, wertete meine Mutter daheim die notierten Angaben aus. Danach entwickelte sie ihren Generalplan. Kein einziges Mal ließ sich mein Vater in ihn einbinden. Da mein Bruder noch zu klein war, teilten sich meine Mutter und ich in den Kaufmarathon. Wir operierten getrennt, was notwendig war, denn bereits wenige Minuten nach Geschäftseröffnung waren die besten Angebote aus den Schaufenstern verschwunden. Die Dekorateure kamen gar nicht damit nach, die entkleideten Schaufensterpuppen neu anzuziehen. Ich erinnere mich nur allzu gut an das große Gitter vor dem Eingang von Brenninkmeyer. Davor staute sich lange vor Eröffnung wartend eine Menschenmasse. Kurz vor acht Uhr näherten sich im Inneren uniformierte Schließmänner. Sie flanierten die letzten Minuten lässig im Geschäftsinneren, ehe sie dann endlich am Boden mit Schlüsseln hantierten. Punkt acht fuhr das Gitter in eine Bodensenke. Es war noch nicht ganz drin, da sprangen die ersten Kunden bereits darüber und stürmten in die Abteilungen. Dort musste eine Verkäuferin gekrallt werden, mit der gemeinsam es an das Fenster ging, in dem sich der erwünschte Artikel befand. Die Verkäuferin betraute sodann eine der vielen, dort bereit stehenden Dekorateurinnen damit, die Ware aus dem Fenster zu holen. Manchmal musste ich nach draußen flitzen, um von außen den Artikel genau zu zeigen. Mit der Ware auf dem Arm ging die Verkäuferin mit dem Kunden dann zur Kasse. Meine Mutter trug auf diesem Weg stets unverhohlen Stolz im Blick. Sie hatte den Sieg errungen! In manchen Geschäften gab es Fensterbücher, wo die Größen der Fensterstücke sowie Zuordnungsnummern vermerkt waren. Nicht selten kam es zu lautstark untermalten Handgreiflichkeiten bei dem Streit um besonders preiswerte Einzelteile. Gegen Mittag glichen die großen Schaufenster der Stadt einer Wüstenlandschaft. Alles öde und leer. Am nächsten Tag lockten zwar neue Angebote, doch im Preis konnten die sich nicht annähernd mit denen des Vortages messen. Der erste Tag, die ersten Minuten! Das war die Devise. Mit Tüten und Taschen beladen kehrten meine Mutter und ich erschöpft von unserem Beutezug nach Hause zurück. Dann ging es ans Probieren. Nie werde ich vergessen, wie sich meine Mutter, daheim angekommen, in ein wunderschönes Sommerkleid mit bunten Blumen zu zwängen versuchte. Vergeblich. „Dann passt es wahrscheinlich dir!“, sagte sie mit einem Seufzer der Entsagung. Ich warf das Geblümte über. Es fiel an meinem schmalen Körper herab wie ein Sack und reichte mir bis zu den Knöcheln. „Viel zu groß!“, stellte meine Mutter fest. „Vielleicht passt es Heidel.“ Ich baute mich mit dem um mich schlotternden Kleid vor unserem großen Spiegel im Schlafzimmer auf. Ich sah aus wie eine Vogelscheuche. Meine Mutter begann lauthals zu lachen. Sie lachte und wollte gar nicht mehr aufhören. Ihr liefen schon Tränen über die Wangen. Da konnte ich auch nicht mehr an mich halten. Jetzt lachten wir im Duett. Meine Mutter kugelte sich lachend über die Ehebetten. Tante Heidel passte das Kleid auch nicht. Wer es schließlich bekam, daran kann ich mich nicht mehr erinnern.

Kerb

Der Sommer neigte sich seinem Ende zu. Da holperten eines Tages in langer Reihe viele, hohe Wagen auf der großen Straße, in die unsere kleine mündete, vorbei. Wir Kinder waren wie aus dem Häuschen, denn wir wussten, was das bedeutete. Die Bernemer Kerb (Bornheimer Kirmes) ging in ein paar Tagen an. Schon wurden die Buden, Karussells, die Schiffschaukel, die Geisterbahn und andere Fahrgeschäfte auf dem Platz unweit der Heilig-Kreuz-Kirche aufgebaut. Fast jeden Tag rannten wir durchs Gängelchen, einen mit Heckenrosen gesäumten Feldweg, zum Kirmesplatz und schauten, wie weit die Dinge gediehen waren. In Heimatkunde hatten wir erfahren, dass die Kirmes etwas mit dem Kirchweihfest zu tun hat und auf eine lange Tradition zurück blickt. Ich leerte mein Sparschwein und zählte meine Barschaft, denn das Vergnügen kostete Geld, viel Geld, wenn man eine so begeisterte Nutzerin von Kettenkarussell und Schiffschaukel ist, wie ich es war. Daher ging ich bei meinen Eltern, deren Freunden und bei Verwandten auf Betteltour. An einem Kerbetag, das hatte mein Vater mir versprochen, würden meine Eltern mit mir auf den Juxplatz gehen und mich frei halten.

Soweit ich mich erinnere, ging das Spektakel mit einem Umzug an. Am Eröffnungstag drängten sich Besucherscharen unter dem Kerbebaum. Das war eine hohe Fichte, die im Enkheimer Wald geschlagen und auf dem Festplatz aufgestellt worden war. Sie war nackt und hell, denn sie besaß keine Rinde mehr. Die hatte man abgeschält. Der Baum stand kerzengerade mit einer grünen Spitze aus verschont gebliebenen Zweigen und war geschmückt mit einem Fichtenkranz an dem rote, weiße und, ich glaube, auch blaue Bänder flatterten. Hoch oben an der Fichte saß auf einem Stuhl weithin sichtbar die Kerbe-Lisbeth aus Stroh.

Um sie rankt sich eine Mär: Die Lisbeth soll ein böses, streitsüchtiges, ewig Unfrieden stiftendes Weib gewesen sein, das allen Dorfbewohnern, besonders aber ihrem Ehemann, das Leben zur Hölle machte. Um wenigstens am Kirchweihfest vor dem Drachen Ruhe zu haben, sperrte man die Lisbeth kurzerhand ein. Doch selbst das brachte wenig. Daher schleppte man

die Frau in den Wald hinaus und band sie, damit sie vor Tieren geschützt war, hoch an einen Fichtenbaum. Dann wurde fröhlich fest gefeiert. Als das Fest vorbei war, wollte man die Frau zurückholen. Schon von weitem war ihr Keifen zu hören. Plötzlich entlud sich ein furchterregendes Unwetter mit Blitzschlag, Donner und Hagel. Als die Dörfler näher kamen, sahen sie, dass die Fichte Feuer gefangen hatte und die Lisbeth lichterloh brannte. Da soll der Ehemann der Frau gerufen haben; „Schaut doch, wie schön die Lisbeth brennt, schaut doch wie wunderschön meine Lisbeth brennt!“ In Erinnerung an dieses sagenhafte Ereignis wurde fortan in jedem Jahr eine Lisbeth aus Stroh an den Kerbebaum gehangen und am Ende des Festes verbrannt.
Ich trieb mich an allen Kerbetagen mit Freunden und Schulkameraden auf dem Rummelplatz herum, obwohl das meine Eltern nicht gern sahen. Mein weniges Geld hatte ich bald verjubelt. Das meiste davon in einer Schiffschaukel, die ich stets so hoch trieb, dass ein Mitarbeiter an diesem Fahrgeschäft besorgt herbei eilte. „He, he, nicht so hoch!“ rief er und beendete meinen Höhenflug, in dem er ein großes Bremsbrett unter der Schaukel am Boden hoch stellte. Lose ziehen war eine meiner weiteren Leidenschaften. Doch ich erwischte fast ausnahmslos Nieten und nur ab und zu mal einen Trostpreis. Tante Heidels Kinder hingegen hatten das Glück gepachtet. Sie ergatterten einen Hauptgewinn nach dem anderen, wodurch bei mir Kummer, aber auch der Neid geweckt wurde. Mir kamen Tränen, wenn ich wieder nichts gewonnen hatte. Das schmerzte das Herz meiner Mutter sehr, so dass sie eine List ersann. Sie kam mit einem Mann in der Gewinnausgabe überein, dass er mir einen großen Preis aushändigen sollte, egal, welches Los ich zog. Den Gewinn hatte sie in ihrer Tasche mitgebracht und spielte ihn dem Mann zu. Ich durfte drei Lose aus dem mir vorgehaltenen Korb wählen. „Gib mir zwei!“, sagte meine Mutter und begann, die Lose zu öffnen, während ich das verbliebene Papier auseinanderfaltete. Ich war sehr beschäftigt und merkte nicht, dass meine Mutter einem Mann, der vor den hoch aufgebauten Gewinnen mit einem Mikrophon hin- und herging, eines der geöffneten Lose reichte. „Und schon wieder ein Hauptgewinn, Herrrrschaften“, dröhnte es. „Dieser schöne Teddybär für dieses

kleine Fräulein!“ Bei diesen Worten neigte sich der Schreihals zu mir und drückte mir einen großen Bären in die Hand. Ich wusste nicht, wie mir geschah. Ich und gewinnen? Mir kam die Sache, so klein ich war, merkwürdig vor. Doch die Freude überdeckte alles. Meine Eltern erzählten mir viel später, welche Bewandtnis es mit dem Hauptgewinn hatte.

Von einem weiteren Ereignis weiß ich ebenfalls nur aus dem Bericht meiner Eltern: Auf dem Weg zur Kirmes eilte ich allen voraus. Weit voraus. Immer war ich zum Leidwesen meiner Eltern vorneweg. Mit dem Mund und mit den Füßen. Als die anderen auf dem Platz ankamen, war ich verschwunden. Meine Mutter entdeckte mich auf einem Kettenkarussell, absturzgefährdet in einem Sitz hängend. Das Karussell nahm gerade Fahrt auf. Mein Vater lief los, erreichte mit einem Sprung den Sitz, hielt mich und sich daran fest und machte dann mit eingezogenen Beinen eine Runde mit, ehe das Karussell Not gestoppt wurde. Ob und wenn ja wie ich für diese Freifahrt bestraft wurde, weiß ich nicht mehr. Wahrscheinlich waren meine Eltern heilfroh, dass mir nichts passiert war, so dass eine Strafe unterblieb. Dies ereignete sich, als ich noch sehr klein war. Ich ging noch nicht zur Schule.

Jahre später stand ich morgens freiwillig früher auf und machte mit einigen Gleichgesinnten vor Schulbeginn einen Observierungsgang über das Kirmesgelände. Nachdem einer von uns dort einen Zehn-Mark-Schein gefunden hatte, waren wir zu passionierten Glücksrittern geworden. Aber ich fand niemals auch nur einen Pfennig. Bald war der Budenzauber vorbei. Der Platz lag wieder sauber und leer. Und er war im Vergleich zu vorher langweilig.

Geburtstagsfeier

Meine Eltern hatten mir erlaubt, meinen Geburtstag mit einigen Kindern bei uns daheim zu feiern. Ich konnte den nächsten Schultag gar nicht erwarten, um allen die Neuigkeiten mitzuteilen. War das auf einmal um mich herum ein Gedränge! Alle wollten kommen und mitfeiern. Frl. Niermann betrat in diesem Augenblick das Klassenzimmer. „Was ist denn hier los?“, fragte sie. Ich teilte ihr mit, dass ich eine Geburtstagsfeier geben dürfte. Im Überschwang der Gefühle entschlüpfte mir: „Frl. Niermann, ich lade sie auch ein!“ Unsere Lehrerin lachte. „Aber, das geht nicht, es wird doch ein Kindergeburtstag gefeiert.“ Da war ich schon ein wenig enttäuscht! Als ich zu Hause erzählte, dass fast alle aus meiner Klasse kommen wollten, verschlug es meiner Mutter die Sprache. Erst nach einer Weile sagte sie: „Fast alle?!“ Dann machte sie noch eine Pause, ehe sie fortfuhr: „Schau, mein Mädchen, unsere Wohnung ist nicht groß genug für so viele kleine Gäste. Du musst dir also einige Kinder auswählen. Sagen wir sechs oder sieben. Im Sommer, wenn man draußen sein kann, wäre die Sache anders. Aber es ist ja November.“ Mein Vater wurde zu Rate gezogen. Er schloss sich der Meinung meiner Mutter an. „Also sechs!“ schloss meine Mutter. Es wurden dann aber sieben, weil ich in allem Eifer meine Freundin Renate vergessen hatte. Das merkte ich erst, als meine Mutter die Einladungen auf die Kärtchen schrieb, die mir Tante Heidel geschnitten und gestaltet hatte. „Na, gut, auf eine kommt es nicht an.“ Die Wohnung wurde umgeräumt, damit das Wohnzimmer für Spiele frei war. Meine Mutter hatte gleich vier Kuchen gebacken und den großen Tisch in der Küche hübsch gedeckt. Zwischen den Tellern schlängelten sich bunte Luftschlangen. Es gab einen Saft, der nach Kirschen schmeckte und für die, die es wünschten, gab es auch Kakao oder Tee. Meine Gäste trafen im Minutentakt ein. Alle waren fein angezogen und gratulierten mir wohlerzogen. Jeder brachte ein Geschenk mit. Ich weiß nicht mehr, was ich alles bekam. Aber an das Geschenk von Brigitte mit den langen, blonden Haaren, die im Haus gegenüber im ersten Stock wohnte, kann ich mich noch genau erinnern. Es war eine Schachtel, in der drei Taschentücher aus hauchfeinem, weißen Stoff lagen. In eine Ecke jedes Tuches war eine rote Rose gestickt. Weil sie so wunderschön und zart waren, habe ich diese Taschentücher niemals benutzt. Zunehmend wurde meine Feier lustiger und lauter. Als mein Vater nach Hause kam, waren meine Mutter und auch Tante Heidel, die half, wohl mit den Nerven schon ganz schön fertig. Wir hatten unter anderem bereits die *Reise nach Jerusalem*, für die wir bei den Nachbarn drei Stühle ausleihen mussten, hinter uns. Ebenso das *Drei-Ecken-Raten*, *Spitz, pass auf!*, *Blinde Kuh und Wer-kennt-meinen-Namen*? Nun wurden die Töpfe für das Topfschlagen in Stellung gebracht. Mein Vater übernahm die Spielleitung und sorgte geschickt dafür, dass jedes Kind eine kleine Überraschung unter seinem Topf fand. Tante Heidel kümmerte sich seit längerem um Johannes, dem es speiübel war, was zum einem an der allgemeinen Aufregung, zum anderen an seinem übermäßigem Kuchenverzehr lag. Derweil hatte ich zu einem neuen, selbst erdachten Spiel aufgerufen. Das Märchen „Rotkäppchen“ sollte nachgespielt werden. Ich verteilte die Rollen. Tante Heidel suchte im Kleider- und im Wäscheschrank zusammen, was für eine zweckdienliche Verkleidung herhalten konnte. Damit alles wirkte, wurden die Darsteller auch noch geschminkt. Meine Mutter war mit der Rolle der Großmutter betraut worden. Ich kann sie noch genau vor mir sehen, wie sie auf unserer grünen Couch in der gut geheizten Küche unter einem dicken Plumeau gebettet liegt. Tante Heidel hatte ihr auf dem Kopf ein Tuch geschickt zu einer Haube gebunden. Da wir keine Brille zur Verfügung hatten, malte sie meiner Mutter mit schwarzem Stift eine auf das Gesicht. Der Geräuschpegel stieg unaufhaltsam und erreichte seinen Höhepunkt, als sich Wolf Renate, in eine Decke gehüllt, über meine Mutter warf und dabei brüllte „Damit ich dich besser fressen kann.“ Hier wurde leider meine Feier beendet, weil es in jeder Hinsicht höchste Zeit dafür war. Die Kinder, die etwas weiter weg wohnten, brachte mein Vater auf einem gemeinsamen Weg nach Hause. Ich war am Ende dieses Tages über die Maßen froh und glücklich, so dass es mir ordentlich warm wurde. Tante Heidel sah mich prüfend an. „Du kriegst doch jetzt nicht etwa Fieber,

Kind?“ Nein, es war alles gut. Ich schlief schon bald nach dem aufregenden Tag fest wie ein Murmeltier.
An weitere Haus-Geburtstagsfeiern kann ich mich partout nicht mehr erinnern. Vielleicht fanden keine mehr statt. Welcher meiner Geburtstage damals so toll gefeiert wurde, das weiß ich nicht mehr. Da mein Bruder dabei offensichtlich überhaupt keine Rolle spielte, muss ich noch sehr klein gewesen sein. Überhaupt: Wo war eigentlich Michael? Hatte man ihn ausquartiert? Oder hat er das ganze Tohuwabohu einfach verschlafen? Ich kann mich gar nicht mehr daran erinnern. Wie gerne würde ich jetzt meine Mutter oder meinen Vater danach fragen. Oder Tante Heidel. Aber alle drei können mir keine Auskunft mehr geben. Es dauert mich heute sehr, dass ich es versäumt habe, rechtzeitig nach so vielem zu fragen.

Winterzeit

Der Herbst war fast vorbei. Was wir aus braun glänzenden Kastanien gebastelt hatten, schmückte unser Klassenzimmer. Garstige Stürme zogen durch das Land. Es wurde jetzt schon früh dunkel. Wir spielten nur noch selten draußen. Es war zu ungemütlich. In der Wohnung hielt sich die Wärme des Sommers noch für eine kleine Weile. Eines Tages aber war es soweit. Die Wintersaison in der Küche wurde eröffnet. Nun brannte dort wieder Feuer im Ofen. Alle in unserer Familie zog es daher in diesen Raum. Meine Mutter begann jetzt, ein riesengroßes Weihnachtspaket zu packen. Es sollte bald zu ihrer Mutter geschickt werden. Alles, was eingepackt wurde, vermerkte sie gewissenhaft auf einem bereit liegenden Blatt. Meine Oma mütterlicherseits wohnte in Zabrze in Polen. In dieser Stadt war 1915 meine Mutter als drittes von vier Kindern geboren worden. Damals hieß Zabrze noch Hindenburg. Es war eine Bergbaustadt in Oberschlesien. Nach den Berichten meiner Mutter wanderte die Grenze im Laufe der Geschichte zwischen Deutschland und Polen vielfach hin und her. Ihr Großvater sprach nur polnisch. Meine Mutter erzählte uns, dass sie sich an ihrem Geburtsort nie wohl gefühlt habe. Die meisten Menschen dort lebten vom Bergbau. Es ereigneten sich regelmäßig schlimme Grubenunglücke. Wenn eine bestimmte Glocke läutete, strömten die Menschen zu den Werkstoren und warteten stumm und geduldig auf Nachrichten aus dem Schacht. „Hattest du gerade eine weiße Bluse angezogen und das Haus verlassen, saßen sofort schwarze Punkte darauf. Wir Kinder markierten die Häuser in Bodennähe. Die Markierungen versanken alle." Der Vater meiner Mutter war Obersteiger und ein geachteter Mann. Bergbau war sein Leben. Meine Mutter hatte dafür überhaupt nichts übrig. Sie verließ Heimatstadt und Elternhaus mit gerade mal 19 Jahren, ein für die damalige Zeit ungeheuerliches Unternehmen. Eigentlich wusste sie nicht genau, wohin sie wollte. Nur weit weg, weit nach Westen! Sie landete in Düsseldorf. Als sie zum ersten Mal den Rhein erblickte, habe sie geweint. „Ich dachte, es gäbe den Fluss nur in unseren Schulbüchern, damit wir etwas zu lernen hätten." Das letzte Mal hat meine Mutter ihre Mutter Anfang

1945 gesehen. Sie war gerade mit mir in Hindenburg zu Besuch. Die Entwicklung auf dem Kriegsschauplatz zwangen sie zu einer überstürzten Flucht. Dies wurde zum Schlimmsten, was meine Mutter erleben musste. Mit mir im Kinderwagen war sie gemeinsam mit vielen anderen 26 Tage nach Frankfurt unterwegs, einen großen Teil davon zu Fuß. „Als ich endlich in unsere Straße einbog, klopfte mein Herz wie wild. Würde unser Haus noch stehen?“ Das Haus stand noch. Es war sogar unbeschädigt. Aber das Glück wurde getrübt, „denn in unsere Wohnung waren fremde Leute eingezogen.“ Nur mit Hilfe von Hausbewohnern konnte sie wenigstens die Freigabe eines Bettes erzwingen. „Wir schliefen drei Tage an einem Stück. Man befürchtete schon, dass wir gestorben wären.“

Seither gab es nur Briefkontakt zu unserer Familie in Oberschlesien. Meine Mutter hat ihre Mutter in ihrem Leben nicht mehr wiedergesehen. Aus den Briefen, die endlos lang unterwegs waren, wenn sie überhaupt ankamen, wussten wir, dass es in der Familie in Zabrze eigentlich an allem fehlte. Meine Mutter sparte das ganze Jahr über für das große Weihnachtspaket. Viele unserer Freunde steuerten zum Inhalt bei. Wenn das Paket dann in braunes, dickes Papier eingepackt und mit Kordel fest verschnürt war, kam die Versandaktion. Für das Paket wurde eine Inhaltsangabe in mehrfacher Ausführung gefordert. Und zwar entweder in Russisch oder in, ich meine, in Polnisch. Nicht nur ich, sondern auch Tante Heidel, begleitete meine Mutter, wenn das Paket losgeschickt wurde. Irgendwo in der Innenstadt. Wir mussten die Straßenbahn nehmen. Meist war Weihnachten lange vorbei, wenn aus Zabrze endlich ein vielseitiger Dankesbrief kam, in dem über die große Freude, die die Geschenke ausgelöst hätten, die Rede war. Das war immer ein ganz besonders schöner Tag für meine Mutter.

Ende Oktober, spätestens Anfang November, reiste meine Oma aus Düsseldorf mit der Eisenbahn an, rechtzeitig zu meinem Geburtstag, Mein Vater holte sie am Hauptbahnhof ab. Mit reichlich Gepäck, überwiegend Geschenke, kam sie schnaufend herein. Auf ihrem schwarzen Wintermantel lagen dann meist Schneeflocken. Mein Vater schlief für die nächste Zeit auf der Couch im Wohnzimmer und überließ meiner Großmutter sein

Bett im Schlafzimmer. Irgendwie schien es mir, als sei unsere Wohnung plötzlich geschrumpft. Es war schon ganz schön kalt, und von Tag zu Tag wurde es kälter. Eines Morgens waren unsere Fensterscheiben voller Eisblumen. Wunderschöne Muster und Formen verhinderten den Durchblick. Wir hauchten so lange auf eine Stelle der Scheibe, bis der weiße Belag zu schmelzen begann. Dann wischten wir mit den Fingern darauf herum. Ein feuchtes Guckloch entstand. Nun konnten wir auf die Straße schauen. Hin und wieder huschte dort jemand vorbei. Offensichtlich froren die Fußgänger sehr, trotz der dicken Kleidung, die sie trugen. Manche waren bis zu den Ohren in den hochgestellten Kragen ihrer Mäntel versunken und trugen ihren Atem wie eine milchige Wolke vor sich her. Über den frisch gefallenen Schnee hatte in aller Frühe ein Bewohner des Hauses einen Pfad aus Asche gestreut. Dächer, Laternen, Bäume, einfach alles, trugen dicke weiße Kappen. Unser Familienleben spielte sich jetzt fast ausnahmslos in der Küche ab. Dort schürte mein Vater, ehe er morgens in aller Herrgottsfrühe zur Arbeit ging, das Feuer im Ofen. Wenn wir zum Frühstück erschienen, war es bereits mollig warm. In einem großen viereckigen Spülbecken aus Stein erledigten wir unsere Morgentoilette. Warmes Wasser gab es immer; es befand sich in einem Wasserkessel, der auf dem Ofen stand. Im Badezimmer aber war es bitterkalt. Ich zögerte deshalb jeden Toilettengang so lange hinaus, bis es nicht mehr ging. Wir zogen uns in der Küche für die Schule an. Mädchen trugen Leibchen, an denen Wollstrümpfe befestigt wurden. Mütze, Schal und Handschuhe hatte meine Mutter gestrickt. Sie strickte auch dicke Socken und Kniestrümpfe für uns. Und natürlich Pullover. Immer wieder und vor allem immer dann, wenn wir mal wieder einen Schuss getan hatten. Am Türpfosten hielten Markierungen unser rasantes Wachstum fest. War ein Pullover nicht nur mir, sondern danach auch meinem jüngeren Bruder zu klein geworden, hieß es: aufribbeln. Der Pullover wurde in seine Bestandteile zerlegt und danach in Wolle verwandelt. Daraus strickte meine Mutter etwas Neues. Wenn sie einmal in Muße da saß, was nicht so oft vorkam, war ihr Strickzeug niemals weit. Heute ist dieses Aufribbeln wohl nicht mehr in Mode, wahrscheinlich beherrscht es kaum mehr einer. Vor allem aber scheint es keiner mehr nötig zu haben. Bei uns geschah das Aufribbeln regelmäßig und geschwind. Wer gerade da war, den erwischte es. Arme nach vorne strecken! Dann wickelte meine Mutter mit einer affenartigen Geschwindigkeit den aufgeribbelten Wollfaden um die ausgestreckten Unterarme. Danach wurde der Wollstrang oben und unten zusammengebunden, damit nichts verhedderte, von den Armen gehoben und in milder Lauge gewaschen. Zum Trocknen kam die Wolle über den Wasserauslaufhahn an der Badewanne. Standen keine Arme zur Verfügung, benutzte meine Mutter eine Stuhllehne zum Aufwickeln. Aus der wiedergewonnenen Wolle entstand danach beispielsweise ein neuer Pullover. Konnte kein passender Restknäuel im Wollkorb für eine erforderliche Verlängerung gefunden werden, erhielt der neue Pullover eben Streifen in einer anderen Farbe. Voller Bewunderung erinnere ich mich an Mutters kunstvolle Streckvariationen. Dem fertigen Teil sah man die Trickserei niemals an. Meine Mutter war im Stricken perfekt. Sie zauberte sogar schicke Faltenröcke für mich und kurze Hosen mit „Bügelfalte“ für meinen Bruder. Ich hasste Handschuhe und lebte deshalb auf Kriegsfuß mit ihnen, obwohl meine Handschuhe an einem langen Band hingen, dessen eines Ende durch die Ärmel von Jacke oder Mantel gezogen wurden. Entweder war einer meiner Handschuhe abgerissen oder beide Handschuhe mitsamt dem Band waren verschwunden. Um der Misere ein Ende zu bereiten, schenkte mir meine Oma einen Muff. Das war eine Hohlrolle, die innen mit einem wärmenden Futter ausgestattet war. Durch die Öffnungen an beiden Seiten konnte ich meine Hände weit einschieben. Mein Muff hing an einer gedrehten blauen Kordel um meinen Hals und reichte ungefähr bis zu meinem Bauchnabel. Als er neu war, musste die Kordel durch eine geknotete Schlinge in meinem Nacken verkürzt werden, damit er mir passte. Außen war der Muff aus königsblauem Samt, und es war ein Kätzchen aus vielen kleinen Perlen darauf. Ich mochte ihn sehr, weil meine Hände darin ganz schnell warm wurden, aber noch mehr, weil kein anderes Kind einen so schönen Muff hatte. Deshalb achtete ich sorgsam auf ihn. Mein Bruder hatte plötzlich nichts mehr gegen lange Unterhosen, im Gegenteil. An manchem Morgen war es wirklich bitterkalt!

Meine Mutter legte mir und meinem Bruder deshalb einen langen Schal zweimal um den Hals und ein Ende auch noch quer über das Gesicht, damit Nase und Mund geschützt waren. Der ausgestoßene Atem gefror auf dem Schulweg. Wenn ich im Klassenraum den Schal entfernte, hingen viele winzige Eisklümpchen in der Wolle.

Unsere Küche war eine gemütliche Wohnküche. Ganz besonders in der Winterzeit. Darin stand ein großes Sofa mit gepolsterten seitlichen Armlehnen, die man herunterlassen und in verschiedenen Positionen in einem gekerbten Metallband seitlich einhängen konnte. Dann verwandelten sie sich in Fuß- und Kopfteile. Das Sofa besaß ferner ein hohes, ebenfalls gepolstertes Rückenteil. Der flauschige Bezug hatte eine moosgrüne Farbe. Das Sofa war breit und sehr bequem. Wir alle mochten es sehr und nutzten es fleißig. Meine Mutter hielt gern ein Mittagsschläfchen darauf. Dann saßen wir Kinder neben ihr am Tisch und erledigten leise unsere Hausaufgaben, malten oder bastelten. Unser Küchentisch war rechteckig und beachtlich groß. An den schmalen Längsseiten konnte jeweils eine Schublade ausgezogen werden. In einer dieser Schubladen befanden sich Kochlöffel, Holzquirle, ein Rundholz zum Teig ausrollen, der hölzerne Fleischklopfer, ein Kartoffelstampfer, ein Zollstock sowie die Ausstechformen, die für die Weihnachtsbäckerei benötigt wurden. In der zweiten Schublade wurden Notizpapier, Bleistifte, Anspitzer, Klebstoff, Radiergummi, zwei große und eine kleine Schere sowie Krimskrams verwahrt. Es herrschte darin meist das reinste Chaos. Jeder, der mit etwas nicht recht wohin wusste, der ließ es in dieser Schublade verschwinden. Wenn Mutter dann wieder einmal lautstark nach etwas darin kramte und dabei ärgerlich rief: „Das ist ja zum Verrücktwerden!“, wussten wir genau, was nun kam: Mit einem Ruck wurde die Schublade aus ihrer Halterung gezogen und auf die Tischplatte gestellt. Dann ging es ans Aufräumen. Dabei halfen wir liebend gern, denn, was fanden wir da nicht alles wieder! Diese Schublade war die reinste Schatzkiste. Später wurde das Teil über Eck nach unten über eine Zeitung gehalten und geschüttelt, bis eine Menge von Krümel die Schublade verlassen hatten. Nach dem Auswaschen und Trocknen kamen alle Dinge, die weiterhin benötigt wurden, wohlsortiert

wieder in die Lade und die wiederum unter die Tischplatte. Spätestens ein paar Wochen später sah es in der Schublade genauso aus wie früher. Mein Vater meinte gelassen: „Das ist nun mal so! In jeder normalen Familie gibt es so eine Schublade."
Es wurde sehr früh dunkel. Der Laternenanzünder verrichtete dick vermummt seine tägliche Arbeit. Er trug seine lange Feuerstange über der Schulter und machte große, eilige Schritte. An jeder Straßenlaterne schob er mit dem langen Stab eine Klappe auf und zog eine Kette heraus, so dass Gas ausströmen konnte. Darüber hielt er dann eine Flamme. Ein Licht entstand in der Laterne und erhellte die Straße. Es brannte, bis im Morgengrauen der Mann wieder kam, die Flamme löschte und die Klappe wieder zuschob. Bis auf den heutigen Tag sind in vielen Städten alte Gaslaternen erhalten geblieben. Irgendwo habe ich einmal gelesen, in Frankfurt gibt es noch rund 5000 davon. Immer wieder kam es vor, dass hier und da eine Laterne nicht brannte. Schuld daran war aber meist kein technischer Fehler, sondern das heimliche Werk von Halbwüchsigen aus unserem Viertel. Rechtzeitig am späten Nachmittag ratterten an den Häusern die hölzernen Rollläden vor den Fenstern herab. Sie sollten die Kälte aus den Wohnungen fernhalten. Winterliche Abende gehörten oft meinem Märchenbuch. Es enthielt viele eingeklebte, bunte Bilder. Jedes Märchen begann mit einem großen Initial, in dem ein Bild zu sehen war. Auf der Titelseite saß in einem hohen Lehnstuhl eine alte Frau mit einer weißen Haube. Sie hatte ein aufgeschlagenes Buch auf dem Schoß, aus dem sie wohl vorlas. Es war bestimmt die Großmutter der Kinder, die um sie versammelt waren und ihr zuhörten. Am liebsten hatte ich die Geschichte vom kleinen Muck. Als ich noch nicht lesen konnte, reichte es mir, die Bilder zu betrachten, denn ich kannte jede Geschichte genau, so oft hatte ich sie bereits gehört. Aber es machte mir durchaus nichts aus, die Geschichten immer und immer wieder zu hören. Am schönsten war es, wenn ich in meinem Bett lag und mir mein Vater vorlas. Er hatte eine tiefe, ruhige Stimme. Als ich in der Schule war und allmählich alle Buchstaben kannte, versuchte ich mich in dem Märchenbuch an den Wörtern. Zunächst war das ein hoffnungsloses Unternehmen, aber mit Hilfe meiner Mutter oder meiner Oma ging es immer besser. Unlängst

ist es mir gelungen, ein solch altes Märchenbuch, wie ich es in meiner Kinderzeit besaß, zu ersteigern. Als es dann in meinen Händen lag, ich es aufschlug und vorsichtig darin blätterte, war es mir, als sei ich wieder ein kleines Mädchen. Welche Kostbarkeit hatte ich erwerben können!

Am 11. November zogen wir, sobald es dunkel wurde, mit unseren Laternen durch die Straßen und klingelten an den Haustüren. Nachdem wir das Martinslied gesungen hatten, bekamen wir lobende Worte, Äpfel, Nüsse und manchmal auch etwas Süßes. Die Laternen hatten wir in der Schule gebastelt. Zugegeben, bei meiner half meist mein Vater etwas mit. Unsere Musiklehrerin übte mit uns das Lied ein. Es war aufregend, durch die Dunkelheit zu marschieren. Sonst mussten wir um diese Zeit längst zu Hause sein. Überall entdeckten wir schaukelnde Lichter. Das waren andere Martinssinger auf ihrem Rundgang. Einmal stritten sich mein Bruder und ein Junge um Schokolade, die ein alter Mann aus der Haustür gereicht hatte. Mein Bruder war nicht schnell genug. Der andere sackte ein. Das wäre ungerecht, brüllte Michael und forderte die Hälfte der Gabe für sich. Der andere lachte und sagte, er dächte nicht im Traum daran, zu teilen. Es gab ein Handgemenge. Dabei schaukelten die Laternen der beiden an der langen Tragestange wie wild. Plötzlich schoss eine Flamme empor, und im Nu brannte eine der Laternen lichterloh. Es war die meines Bruders. Michael schrie wie am Spieß. Irgendwer riss ihm den Laternenstab aus der Hand, warf ihn samt Laterne zu Boden und trampelte mit beiden Füßen auf dem brennenden Karton herum, bis alles erlosch. Es war ein großer, schlanker Mann, der jetzt meinen schluchzenden Bruder auf den Arm nahm und tröstete. Als ich genauer hinsah, erkannte ich, dass der Mann mein Vater war.

An den langen Winterabenden holten wir oft unsere Spiele hervor. Wir besaßen eine Menge Gesellschaftsspiele. Besonders gerne spielten wir Mensch-ärgere-dich-nicht. Renate war häufig zu Besuch und spielte mit. Auch meine Oma beteiligte sich hin und wieder. Michael mogelte, wo er nur konnte. Wenn er ordentlich am Verlieren war, stieß er mit dem Arm an das Spielbrett, sodass alle Figuren durcheinander purzelten und beendete damit das Spiel. Mit Renate spielte ich regelmäßig Mühle. Wir waren beide sehr gute Strateginnen. Daher entschied oft nur der Zufall darüber, wer gewann. Es war etwas ganz besonderes, wenn mein Vater sein Schachbrett und den Holzkasten, in dem die Figuren verwahrt wurden, aus dem Wohnzimmerschrank holte. Er hatte mir frühzeitig die Spielregeln erklärt. Doch so sehr ich mich auch konzentrierte, mir gelang es kein einziges Mal, mehr als ein paar Züge zu machen, ehe er mir Schach bot, aus dem ich mich dann trotz aller Bemühungen nicht mehr befreien konnte. Mein erstes Remis gelang mir, da war ich bereits im Gymnasium. Michael wollte immer Fische angeln spielen. Wahrscheinlich, weil er dabei den anderen überlegen war. Wir alle hatten keine Erklärung dafür, wie es ihm blindlings gelang, hinter der aufgestellten Wand aus Karton die dicksten Fische an den Haken zu bekommen. Da schwindeln hierbei nicht gut möglich war, musste er über besondere Fähigkeiten verfügen. Mikado mochten wir alle. Unser großer Tisch bot genügend Platz, um an den Holzstäbchen unser Geschick zu beweisen. Unangefochtener Meister war mein Vater. Er besaß nicht nur die ruhigsten Finger, sondern auch die meiste Geduld. Nur ganz selten schaffte es jemand, ihm den Sieg abzujagen. Mein Vater war jetzt, da es auf Weihnachten zuging, abends oft im Keller. Ich wusste, dass er dort Motoren wickelte, um etwas dazuzuverdienen. Ich hatte die vielen Rollen mit unterschiedlich dicken Kupferdrähten in Reihe aufgebaut gesehen. Das war das Material, das er benötigte. Mein Vater war Elektriker. Nach dem Krieg hatte er keine Anstellung in seinem erlernten Beruf finden können. Er war froh, dass er wenigstens im Gaswerk arbeiten konnte. Ich wusste nicht viel, nur, dass es eine harte Arbeit war, die sehr schmutzig machte. Aber keinmal habe ich meinen Vater schmutzig gesehen. Er hatte niemals auch nur ein Stäubchen unter den Fingernägeln und achtete sehr auf einwandfreie Kleidung. Wenn er ausging, trug er stets einen Hut, dessen korrekten Sitz er kontrollierte, indem er die seitlich gedrehte Hand gestreckt über den Nasenrücken und die Stirn bis zum Hut führte. Auch Handschuhe hatte er meist dabei, außer an warmen Sommertagen. Noch heute ist der Duft in meiner Nase, den mein Vater verbreitete, wenn er frisch rasiert frühmorgens an mein Bett kam. Ich hätte meinen Vater an diesem Geruch in jeder großen Menschenmenge sofort gefunden.

Wenn mein Vater im Keller arbeitete, schien er die Zeit zu vergessen. War das Essen fertig, schickte meine Mutter einen von uns nach unten, um Bescheid zu sagen. Dann dauerte es aber oft noch lang, ehe er hoch kam. Meine Mutter war darüber ärgerlich. „Ach Willi, jetzt ist alles kalt.“ Da installierte mein Vater zwischen Wohnung und Keller eine elektrische Verbindung, deren Ende in unserem Flur neben der Wohnungstür einen Drehschalter erhielt. Wenn meine Mutter diesen Schalter betätigte, ging im Keller das Licht aus. Es wurde mit meiner Mutter vereinbart, dass sie als Signal mit dem Schalter einmal das Licht ausschalten und gleich danach wieder einschalten sollte und zwar etwa zehn Minuten, bevor mein Vater in der Wohnung erwartet wurde. „Ich kann nicht alles sofort liegen lassen, ich brauch da schon etwas Zeit“, hatte mein Vater erklärt. So wurde es fortan gehandhabt, und es klappte jahrelang wunderbar, obwohl meine Mutter manchmal dreimal hintereinander den Schalter drehte, um anzuzeigen, dass etwas oben in der Wohnung eilig sei. Wenn sie viele Male vergeblich mit dem Lichtsignal gerufen hatte, ließ sie das Licht einfach aus. Dann war mein Vater schnell zur Stelle, aber mit welchem Gesicht! Wir Kinder begrüßten die Neuerung des Kellerschalters sehr, denn nun konnten wir das Licht im Keller schon anmachen, ehe wir auf Mutters Geheiß dort etwas holten. Keiner von uns nämlich ging gern in den Keller. Wir fürchteten uns dort. Im Keller waren unsere Vorräte aufgestapelt, gefüllte Einweckgläser, in einer Holzkiste Kartoffeln und hochgestapelt an einer Wand Briketts für unseren Dauerbrandofen im Wohnzimmer. Zu einer Zeit, da kein Mensch an Winter dachte, ließ mein Vater Heizmaterial für unsere Öfen kommen. Der Händler kam mit seinem Lieferwagen vor unser Haus, möglichst nah zu unserer Kellerluke. Die Männer, die für ihn arbeiteten, waren so schwarz wie unser Schornsteinfeger, dem wir immer die Hand geben wollten, damit wir Glück bekämen. Sie öffneten die Ladeklappe. Einer stieg auf die Ladefläche und hievte einen Sack zum Rand. Der andere stellte sich mit dem Rücken zur Ladefläche, schulterte sich den Sack und schleppte ihn mit gebeugtem Rücken nahe zum Kellerloch, ließ ihn mit einem Ruck über die Schulter herabgleiten und kippte den Inhalt zu einem Berg aus. Später kam mein Vater mit einer

Schippe und schaufelte alles durch eine Luke in unseren Keller. Danach fegte er die Straße. Wenn sich der Kohlestaub im Keller gelegt hatte, wurden die Briketts gestapelt. Nach dieser Arbeit war auch mein Vater ein schwarzer Mann. Ich erinnere mich aber auch an Koks und Eierbriketts im Keller. Der Vorrat für die Wohnung wurde in einem Kohlebehälter portionsweise hochgeholt.

Im Winter war es im Keller erbärmlich kalt. Mein Vater zog deshalb immer zwei dicke Jacken übereinander, wenn er runter ging, um zu arbeiten. Mitunter vergaßen wir ihn und erschraken, wenn er plötzlich fröstelnd die Küche betrat. Er bekam sofort einen heißen Tee und setzte sich damit nah zum Ofen. Meine Oma hatte einen Großteil des Sofas belegt. Sie besserte unsere Kleidung aus. Da waren Nähte aufgegangen, Knöpfe abgerissen, Löcher in den Strümpfen, Strapse abgerissen, Säume lose und vieles mehr. Während ihre Hände flink arbeiteten, hörte sie aufmerksam zu, was wir einander erzählten. Mitunter fragte meine Mutter sie: „Was meinst du dazu?" Manchmal war sie unserer Meinung, manchmal auch nicht. Oder sie sagte: „Darüber muss ich erst einmal nachdenken!" Sie war die Mutter meines Vaters. In der damaligen Zeit fiel ihre Körpergröße auf. Sie war fast so groß wie mein Vater. Ihre dichten, grauen Haare trug sie in breite Wellen gelegt und unten umgeschlagen. Mit Haarklammern befestigte sie die, wenn sie das Haus verließ. Nachts trug sie immer ein Haarnetz darüber, „damit ich morgens nicht aussehe wie ein wild gewordener Handfeger!" Meine Oma arbeitete bei reichen Leuten als Waschfrau. Als sie auf einem der großen Grundstücke einmal eine achtlos liegengelassene Puppe fand, nahm sie die einfach mit. Für mich. Meine Mutter hat mir die Geschichte erzählt, als ich bereits ein junges Mädchen war. Gewissensbisse nach diesem Diebstahl habe meine Oma nicht gehabt, weil die alles hätten und wir nichts. Und das sei doch nicht gerecht! Als ich älter war, durfte ich in den großen Ferien manchmal meine Oma besuchen. Sie besaß ein Haus mit spitzem Giebel in Düsseldorf-Oberkassel. Ein richtig kleines Hexenhäuschen war das. Es stand in einem Garten, der bis an die Straße reichte und in dem es viele Blumen und Obstbäume gab. In einer breiten Astgabel des Kirschbaums, der direkt am Hauseingang stand, hatte ich meinen Lieblingsplatz. Hinter dem Haus hausten die Hühner. Wenn man die rückwärtige Haustreppe herunter ging, kam man in den Hühnerstall und dann draußen auf einen Weg, der weit durch Wiesen und Felder bis an den Rhein führte. Meine Oma fuhr immer auf einem schweren, schwarzen Damenrad zur Arbeit. Sie fuhr langsam, aber trat kräftig und gleichmäßig die Pedale. Es war wie der Takt einer Uhr. Auf diesem Rad erlernte ich das Fahrradfahren. Mein Onkel Fred, der jüngste Sohn meiner Oma, brachte es mir bei. Ich musste im Stehen fahren, weil ich zu klein war, um mich auf den Sattel zu setzen. Das sah wohl sehr lustig aus, denn viele, die mich sahen, lachten. Aber das war mir egal. Als es klappte, waren Onkel Fred und ich mächtig stolz. Es gab noch einen weiteren Sohn, Ewald mit Namen. Omas mittleres Kind. Er ging immer mit mir zur Kirmes am Rheinufer, die viel größer und schöner war als die, die ich aus Frankfurt kannte. Onkel Ewald hatte dann die Spendierhosen an. Ich durfte viele Male Schiffschaukel fahren. Und viele Lose durfte ich auch ziehen. Aber niemals erwischte ich einen Hauptgewinn. Mein Onkel Fred nahm mich mit an den Rhein. Er liebte das Wasser. Vielleicht, weil er bei der Marine gewesen war. Da er ein sehr guter Schwimmer war, rettete er viele Menschen vor dem Ertrinken aus dem Fluss. Meine Oma erzählte mir einmal, dass er dafür von der Stadt Düsseldorf ausgezeichnet worden war. Den ganzen Sommer verbrachte er am Rhein. Er hatte einen Stammplatz am Ufer und kannte dort Hinz und Kunz. Nur ab und zu kam er mal nach Hause. Meist übernachtete er in einem kleinen Zelt am Rhein. Im Winter arbeitete er auf mehreren Stellen fast rund um die Uhr, um sich einen arbeitsfreien Sommer leisten zu können. Onkel Fred war ein Tausendsassa. Er boxte als Profi, fuhr Motorrad, konnte fast alles reparieren und hatte viele Freundinnen in aller Welt. „In jedem Hafen eine“, sagte er. Eine aus Frankreich kam ihn überraschend besuchen, als ich gerade in Düsseldorf war. An ihren Namen kann ich mich nicht mehr erinnern. Aber, wenn ich die Augen zumache, kann ich sie auch heute noch genau vor mir sehen. Sie war so schön! Ihre langen, dunklen Haare endeten in wippenden Korkenzieherlocken. Ihr Gesicht war ebenmäßig und blass. Ihre großen Augen waren fast schwarz, die Wimpern darüber gebogen und lang. Sie war gertenschlank und trug wehende Röcke. Ihre sanfte Stimme klang wie die einer Elfe. Sie sprach leidlich deutsch. Manchmal las sie mir vor dem Schlafen ein Märchen vor. Das hörte sich ganz anders an, als ich es bisher gewohnt war. Sie brachte mir bei, Frère Jacques zu singen. Ich hoffte, dass Onkel Fred diese wundervolle Person heiraten würde. Doch eines Tages reiste sie ab. Zum Abschied nahm sie mich in den Arm. Onkel Fred heiratete nicht diese Frau, er heiratete überhaupt nicht. Für mich aber war er in meiner Kindheit der tollste Mann der Welt. Er „kochte" in einer Pfanne Bonbons für mich. Er konnte Schnaps brennen und Eierlikör herstellen. Eines Sonntags nahm er mich im Beiwagen seines Motorrades mit in das Neandertal, um mit mir dort einen unserer alten Verwandten zu besuchen. Einmal fragte er mich: „Willst du mal den Kölner Dom sehen?" Natürlich wollte ich. Da legte er seine Hände fest über meine Ohren und zog nach oben, immer mehr und sagte dabei; „Siehst du ihn schon?" Er zog immer weiter, und weil das weh tat, rief ich: „Ja, ja!" Da ließ er los, lachte und gab mir einen Kuss. Ich wollte nie mehr den Kölner Dom sehen. Von dem tollsten Stück, das sich sein jüngster Bruder als junger Mann geleistet hatte, weiß ich von meinem Vater: Wegen einer Wette sprang Onkel Fred von der Oberkassler Brücke in den Rhein. Er bekam ordentlich Ärger mit der Polizei, die ihn als vermuteten Selbstmörder hatte retten wollen.

Meine Oma brachte mir bei, wie man richtig Knöpfe annäht. „Schau, Liebchen, unter dem Knopf muss ein kleiner Stiel sein", sagte sie und schlang den Faden mehrfach um die Fäden, mit denen der Knopf angenäht worden war. „Oder du nähst einen zweiten Knopf von unten dagegen." Dass sie mir auch beibrachte, wie ein Hohlsaum entsteht, kam mir dann im Handarbeitsunterricht zugute und bescherte mir das einzige Mal in meiner ganzen Schullaufbahn in diesem Fach eine Note 1. „Kannst du eigentlich mit den Fingern stricken?" fragte sie mich. Ich konnte es noch nicht. Sie zeigte es mir, und ich war darin bald besser als meine Freundinnen. Auch das, was heute Strickliese heißt und bei uns früher Stoppeln genannt wurde, lernte ich unter ihrer Anleitung kennen. Auf eine leere Garnrolle aus Holz hämmerte mein Vater Nägel, um die ich die Wolle legen konnte. Nach dem

Abheben wanderte alles durch die Öffnung der Garnrolle, immer wieder, bis ein langer Strick entstand. Meine Oma war unermüdlich bemüht, mir Dinge beizubringen, von denen ich noch keine Ahnung hatte. So auch, wie man ganz fein Kartoffeln schält, ohne für dicken Abfall zu sorgen. Oder wie man es schafft, einem angebrannten Gericht den hässlichen Geschmack zu nehmen. Meine Oma kannte unendlich viele Tricks und Kniffe. Die schöne Zeit mit ihr ging immer viel zu schnell zu Ende. Eingemummt in ihren schwarzen Mantel und wieder mit reichlich Gepäck versehen, unsere Geschenke für die Düsseldorfer Verwandtschaft, verließ uns meine Oma. Ihre Abschiedsküsse waren, wie die von allen Verwandten, sehr feucht. Und ihre Augen waren es auch. „Liebchen, bleib brav und gesund!“ sagte sie, während sie mich fest in ihre Arme schloss. Nachdem meine Oma gestorben war, hat nie wieder jemand Liebchen zu mir gesagt. Es ist mir, als wäre dieses Kosewort mit ihr gestorben.
Nach Omas Abreise schien mein Vater irgendwie bedrückt. Ich konnte das nur mit der Abreise in Verbindung bringen. Ich wusste, dass er sehr an seiner Mutter hing. Aber er sprach über sie und seine Kindheit ganz selten. Meine Mutter erzählte mir manchmal etwas von dem wenigen, was ihr bekannt war. Der Vater meines Vaters war im Alter von nur 36 Jahren an einem Kriegsleiden verstorben. Da stand meine Oma dann mit drei kleinen Kindern alleine da. Als mein Vater mit 14 Jahren konfirmiert wurde, bekam er seine erste lange Hose. Bis dahin gab es im Sommer wie im Winter nur kurze Hosen und Holzpantinen. Mein Vater trug immer ein Bild seiner Mutter in seiner Brusttasche bei sich. Seine letzten Worte waren: „Mutter, beschütze mich!“

Weihnachtszeit

Noch ehe es recht Advent geworden war, begann in unserer Küche die erste Weihnachtsbäckerei. Es war ein herrliches Vergnügen für uns Kinder. Ich weiß nicht recht, ob unsere Hilfe dabei mehr nützlich oder eher hinderlich war. Auf jeden Fall waren wir immer mit Eifer dabei. Es gab keine elektrischen Helfer. Gerührt und geknetet wurde mit der Hand. Ach, was gab es da nicht alles für uns zu tun! Mandeln wurden in heißes Wasser gelegt, später abgezogen und geschnitten. Rosinen mussten eingeweicht, Eiweiß schaumig geschlagen werden. Es hieß, Zucker und Mehl abzuwiegen, den Teig zum Gehen abgedeckt an einen warmen Ort zu stellen. „Ist die Tischplatte auch richtig sauber?" fragte meine Mutter. Dann streute sie wie ein Sämann Mehl aus und verteilte es mit der Hand über den Tisch. Ein großer Batzen Teig, zu einer dicken Rolle geformt, wurde in die Mitte auf die Tischplatte gelegt und rundum mit Mehl bestäubt. Dann ging es los! Meine Mutter fasste rechts und links die Griffe an der Holzrolle und walzte den Teig nach allen Seiten hin flach aus. Wir standen mit den Förmchen einsatzbereit. Mein Bruder durfte an der einen Seite mit Ausstechen anfangen, ich an der anderen. Inzwischen hatte meine Mutter auf zwei Küchenstühle eingefettete Bleche gestellt. Jetzt zog sie einen Stuhl nah an den Tisch und hob die Teile, die wir ausgestochen hatten, vorsichtig auf das Blech. Übrig geblieben waren viele, kleine Teigschnipsel. Sie wurden zusammengeballt, geknetet und ausgerollt. Wir durften erneut ans Werk gehen. Ich hatte mir rechtzeitig den Mond und das Herz zum Ausstechen gesichert. Beim Stern und dem Tannenbaum blieb der Teig nämlich immer in den Ecken hängen. Sollte sich damit mein kleiner Bruder abmühen! Als er ein verunglücktes Teil nach dem anderen produzierte, bekam er ein umgedrehtes Schnapsglas, mit dem er reihenweise runde Plätzchen ausstach. Zum Schluss hatten wir nur eine verschwindende Anzahl von Tannenbäumen und Sternen. Während die Plätzchen im Ofen buken, wurden die Glasuren vorbereitet. Wenn keiner hinsah, war Michaels Finger blitzschnell in den Schüsseln mit dem süßen Belag. Dann kam die zweite Runde: Vanille-Kipferl. Sie gehörten ins Hoheitsgebiet meiner Mutter. Flink rollte sie den Teig zu langen Würsten, schnitt sie in gleich lange Stücke und legte sie zu Hörnchen gekrümmt auf das nächste Backblech. Wir waren somit im Moment arbeitslos. Die Bleche verschwanden im Backofen. Bald schon füllte sich die Küche mit verführerischem Duft. Das grüne Sofa war längst überall weiß. Auch Michaels blauer Trainingsanzug war weiß. Rund um den Mund meines Bruders klebten verräterische Spuren von Schokoladenguss. Die Backzeit war fast um. Meine Mutter öffnete die Backofentür und schaute nach den Plätzchen. Manchmal drehte sie die Bleche dann um. Wenn die Backzeit zu Ende war, kamen die Bleche wieder auf die Küchenstühle. Alles musste erst abkühlen, ehe auf die Plätzchen mit einem kleinen Löffel oder mit einem Pinsel der Guss oder eine Glasur aus Zitronensaft und Puderzucker aufgetragen werden konnte. Michael hatte zu dieser Zeit unbemerkt seinen Hochsitz auf dem Sofa verlassen, glitt lautlos herab, schlängelte sich unter den Tisch durch und erschien plötzlich mitten im Geschehen, um bloß nichts zu verpassen. So schnell, wie meine Mutter nicht gucken konnte, war er an einem Blech und langte zu. Es folgte der Fluch der bösen Tat. Mein Bruder schrie: „Au, au!“ Mutters erste Hilfe mit Mehl am verbrannten Finger nützte wenig. Als zuletzt die Makronen in den Ofen geschoben wurden, hatten wir alle hochrote Köpfe. Drei Blechdosen waren bereits mit unserem köstlichen Machwerk gefüllt, eine vierte wartete auf die Makronen. Der süße Vorrat verschwand oben auf dem Kleiderschrank im Schlafzimmer, direkt neben den Äpfeln. Es war verboten, auch nur daran zu rühren. Wir wären sowieso nicht dort hingekommen. Eine Haushaltsleiter gab es nicht. Ich lag längst im Bett, da hörte ich noch immer Geräusche aus der Küche. Heute weiß ich, dass meine Mutter lange zu tun hatte, um die Spuren unserer Weihnachtsbäckerei zu beseitigen. Am nächsten Morgen war alles wieder blitzblank und das geweißte Sofa wieder grün. Ohne unsere tatkräftige Hilfe buk meine Mutter dann mindestens noch einmal Plätzchen. Weihnachten lagen auch viele Tannenbäume und Sterne auf den Tellern. Und sogar eine Menge Nikoläuse.

Es war der 1. Advent. Im dunklen Kirchenschiff hing ein wunderschöner Adventskranz. Der war so groß wie ein Wagenrad und trug vier dicke rote Kerzen. Breite, rote Bänder umwanden das Tannengrün und bildeten eine Aufhängung, die hoch hinauf bis zur Decke führte. Der Duft von Tannen empfing die Eintretenden, und jeder musste als erstes seinen Blick auf den Adventskranz lenken. Eine Kerze brannte und verströmte ein bescheidenes Licht. Niemals wieder habe ich einen so herrlichen, festlichen Adventskranz gesehen wie den in meiner Kindheit in unserer Pfarrkirche. Überall war jetzt weihnachtlicher Schmuck zu sehen. In der Schule ebenso wie in allen Häusern, in den Schaufenstern der Kaufhäuser und hinter den Scheiben der Wohnungen. Alles war echt! Die Tannenzweige, die Kerzen und auch der Schnee. Wir hatten in diesen Tagen eine ganz wichtige Aufgabe zu erledigen. Sie hieß „Mein Wunschzettel". Ich hatte schon mehrfach damit begonnen, war aber nicht zum Ende gekommen, weil ich mich immer wieder verschrieb. Dann plötzlich erschienen mir meine Wünsche zu groß und dann zu viel, als dass sie mir das Christkind hätte erfüllen können. Endlich war dann aber doch mein Wunschzettel fein säuberlich fertig. Nun wollte ich ihn noch verzieren. Ich weiß nicht, wie es geschehen konnte, jedenfalls thronte da plötzlich ein hässlicher Fleck auf dem weißen Papier. Noch einmal würde mir das Werk so schön und ordentlich nicht gelingen. Ich war verzweifelt. Ein Engel muss mir in diesem Moment Renate geschickt haben. Sie sah sich die Bescherung an und meinte: „Mal doch einfach einen Stern drüber". Was blieb mir anderes übrig, als diesen rettenden Strohhalm zu ergreifen. „Du musst aber eine kräftige Farbe nehmen, die abdeckt." Ich wählte das roteste Rot, das ich besaß, und die Vertuschung gelang. Am Abend wurde mein Wunschzettel auf die Fensterbank zwischen Jalousie und Fenster gelegt. Der Rollladen blieb einen Spalt offen. Am nächsten Morgen war mein Wunschzettel verschwunden. Aber einmal bekam ich einen fürchterlichen Schreck. Mein Wunschzettel war nicht abgeholt worden. Neben meinem liegen gebliebenen Wunschzettel stand ein Teller voller Asche, in dem ein kleiner Tannenzweig steckte. Ich weinte, und meine Mutter versuchte, mich zu trösten. „Wahrscheinlich hat das Christkind gehört und gesehen, wie ungezogen du in letzter Zeit warst. Aber schau, in der Asche steckt ein grüner Zweig. Da ist wohl noch Hoffnung. Vielleicht solltest du es abermals versuchen.“ Ich war nun das liebste Kind, das sich jemand nur vorstellen konnte. Als ich zwei Tage später den Wunschzettel erneut vor das Fenster legte, war er glücklicherweise am nächsten Morgen verschwunden.

Es war eine wundersame Zeit! Die ganze Welt war voller Geheimnisse und voller Weihnachtslieder. Ich kannte fast alle auswendig. Mit allen Strophen. Wenn es schneite, kletterte ich im eiskalten Bad auf den Toilettensitz und schaute dann aus dem kleinen Fenster, das ich gerade soeben erreichen konnte. Dicht auf dicht sah ich die weißen Flocken fallen, und ich trällerte das Lied „Schneeflöckchen, Weißröckchen, wann kommst du geschneit?“ Niemand wusste, warum ich zum Singen ausgerechnet ins kalte Bad verschwand. Ich selbst wusste es auch nicht. Es gefiel mir eben. Meine Mutter kannte meine seltsame Vorliebe und holte mich bald wieder in die warme Küche. Im Radio spielten sie auch Weihnachtsmusik, aber die war für meine Ohren lange nicht so schön wie meine gesungenen Lieder. In der Schule gab es natürlich jetzt nur ein Thema. Weihnachten. Wir malten und bastelten, denn jeder von uns wollte für seine Eltern ein schönes Geschenk herstellen. Frl. Niermann hatte von uns einen bescheidenen Beitrag für das benötigte Material eingesammelt und es besorgt. Ein Krippenspiel sollte am letzten Schultag vor Weihnachten aufgeführt werden. Die Mitwirkenden bekamen ihre Texte zum Auswendiglernen. Mit unserer Schulkameradin Barbara ging eine seltsame Verwandlung vor sich. Sie sprach nur noch sehr leise und schlug ihre Augen merkwürdig auf. Ihr Haar hatte sie nicht mehr zu strammen Zöpfen geflochten, sondern trug es offen. Da sie die Maria spielte, vermutete ich, dass Barbaras wundersame Veränderung etwas mit ihrer Rolle zu tun hatte. Zu meinem Bedauern ergatterte ich nur eine stumme Rolle. Ich durfte als einer der beiden Esel Maria zur Seite stehen. Die größte Arbeit dieser Esel-Darstellung übernahm Tante Heidel. Sie nähte aus einer alten Wehrmachtdecke ein Eselkostüm für mich. Meine Beteiligung bestand einzig in der Fertigung einer schwarzen Quaste für den Eselschwanz. Sie gelang mir vortrefflich.

Ich liebte es, Päckchen für die bevorstehende Bescherung zu packen. Es gab nichts, was mir zu gering erschien, um als Geschenk mit Weihnachtspapier umwickelt und mit Bändern verziert zu werden. Bei der Herstellung der Schleifen entwickelte ich wahre Meisterschaft. Mein Vater erzählte immer wieder und bis ins hohe Alter von einem Heiligabend, an dem meine Mutter eines ihrer schönsten Geschenke von mir erhielt: Aus der liebevollen Verpackung schälte sie mit einem Jubelschrei ihre Hämorrhoiden-Zäpfchen, die sie seit Tagen verzweifelt in der ganzen Wohnung gesucht hatte.

Mein Bruder Michael kam im Jahr der Währungsreform zur Welt und genoss den Vorzug, in die aufkeimende Wirtschaftswunderzeit hineinzuwachsen und daraus resultierende Vorzüge genießen zu dürfen. Er sollte es sein, der unserer Familie die Musik nah brachte, so richtig nah. Als er ein Akkordeon geschenkt bekam, war er vier Jahre alt. Hatte er sein Instrument umgeschnallt, konnte er gerade mal die Nase über dessen Rand strecken. Während meine Eltern nur zuversichtlich waren, hegte ich Zweifel, ob Michael es auf Knöpfen und Tasten sehr weit bringen würde. Ich hatte sein Talent unterschätzt! In der Hohner-Schule, wo er regelmäßig Unterricht erhielt, entwickelte er sich zum kleinen Wunderknaben. Mit fünf Jahren bestand er in der Gruppe sein erstes Konzert und war danach Tagesgespräch in der Nachbarschaft. Wenn unsere Besucher Michaels Darbietungen lauschen durften und danach in Lobpreisungen ausbrachen, befürchtete ich, dass meine Mutter vor Stolz gleich platzen würde. Fortan waren unsere Weihnachtsfeste sehr musikalisch. Bereits Wochen vor dem Fest übte Michael unermüdlich, was er im Weihnachtszimmer fehlerfrei zum Besten geben wollte. Auch später in seiner Schule war sein Talent am Schifferklavier gefragt. Besonders alle Jahre wieder zur Weihnachtszeit. Ich beneidete Michael nicht um seine Fron am Instrument. Aber ich beneidete ihn sehr in Hinblick darauf, dass er immer ein klingendes Weihnachtsgeschenk zur Hand hatte.

Adventszeit ist Fastenzeit. Das hörten wir im Religionsunterricht. „Die liturgische Farbe in der Kirche ist deshalb violett!“ Doch leider beschränkte sich die Fastenzeit nicht auf die Kirche. Auch bei uns daheim zog sie ein. Es gab jetzt keine Süßigkeiten, kein Fleisch und keine Wurst. Ich erfuhr in diesen Tagen immer wieder, dass Konsequenz eine starke Seite im

Charakter meiner Mutter war. Doch dann nahtc eine Ausnahme: Nikolaus. Da war Süßes erlaubt. Noch ehe er auf dem Kalender stand, machte ich als ganz kleines Mädchen mit Nikolaus Bekanntschaft: In unserem Flur hing an einer Längsseite ein großer Spiegel. Direkt darunter stand ausladend eine Flurgarderobe aus hellem Holz auf hohen, dünnen, schräg gestellten Beinen. Es sah aus, als würde das Teil jeden Moment zusammenbrechen. Oben in diesem Möbel gab es eine breite Schublade, in der die Handschuhe meines Vater aufbewahrt wurden, Schlüssel und was sonst, weiß ich nicht mehr. Kurz vor Nikolaus war ich an einem Abend wieder einmal stöbernd in der Wohnung unterwegs. Die Schublade der Flurgarderobe zog mich magisch an. Sollte das etwa ein Versteck für Geschenke sein? Ich zog sie auf. Mein gellender Schrei ließ meine Eltern herbeistürzen. „Da sitzt der Nikolaus drin!“ Ich hatte die Schublade in panischem Schreck zugeworfen und schrie hysterisch. Mein Vater nahm mich auf den Arm und trug mich in die Küche. Währenddessen entsorgte meine Mutter den roten Nikolaus-Mantel sowie die Maske mit dem weißen Bart aus der Schublade. Meine Eltern haben mir viele Male diese Geschichte erzählt und auch den Grund, warum der Nikolaus in unserer Schublade saß: Es handelte sich um die Kluft, in die sich mein Vater werfen sollte, um in einer Nachbarwohnung die Kinder als Nikolaus zu besuchen.

Zu uns kam nie der Nikolaus in Person. Wir hörten ihn abends in der Dunkelheit zwar holpern und poltern, und manchmal war uns auch, als hätten wir das Geläut seines Schlittens vernommen, wenn wir dann die Rollläden so stellten, dass wir hindurch linsen konnten, war draußen aber weit und breit niemand zu sehen. Wir hatten mit Hingabe unsere Stiefel geputzt. Vor dem Zubettgehen stellten wir sie vor die Wohnungstür. An diesem Abend wollte das Einschlafen nicht klappen. Ich hörte tausend verräterische Geräusche. Der erste Weg am nächsten Morgen ging natürlich zur Wohnungstür. Davor standen unsere Stiefel. Sie waren hoch gefüllt. Ein Teller mit Plätzchen stand daneben. Ich erinnere mich, dass der Nikolaus zu uns in den Unterricht kam. Er erzählte uns die Geschichte des Heiligen von Myra. Ich vermutete stark, dass unter dem Bischofsmantel unser Kaplan

steckte. Jedes Kind erhielt einen Stutenmann mit weißer, süßer Glasur darauf.
In unserer Küche standen in einer Vase seit ein paar Tagen Zweige von einem Apfelbaum. Meine Mutter hatte sie am 4. Dezember, dem Barbaratag, abgeschnitten. Nun hofften wir, dass Weihnachten an den Zweigen Blüten sein würden. Die Heilige Barbara ist die Schutzpatronin der Bergleute. In Mutters Heimat war der Barbaratag ein Feiertag. Ich hütete die Zweige wie meine Augäpfel und schaute jeden Tag nach, ob sich schon grüne Zipfel zeigten.
In den Schaufenstern der großen Warenhäuser waren himmlische sowie märchenhafte Dekorationen zu bewundern. Ich wollte mich von den Bildern gar nicht trennen, obwohl meine Eltern zum Weitergehen drängten, weil es zu kalt sei, um lange zu verweilen. Aber ich konnte mich einfach nicht satt sehen. Da ich mich mit Märchen sehr gut auskannte, wusste ich sofort, welche Szene im Fenster gezeigt wurde. Die Figuren waren so groß wie kleine Kinder und bewegten sich. Sie sprachen sogar. Gleich in mehreren Schaufenstern waren Märchenszenen nachgestellt. Dass man manchmal das Geräusch der Motoren hörte, die die Figuren bewegten, störte mich nicht. In der Stadt gab es nur eines, was noch schöner war als diese bewegten, sprechenden Bilder. Das war der Christkindchensmarkt. Dort standen dicht an dicht, als wollten sie einander wärmen, ganz viele, kleine Buden, in denen es vielerlei zu kaufen gab. Das Schönste für mich waren die Rauschgoldengel. Von ihnen waren hier ganze Heerscharen zu sehen. Ein Engel war schöner als der andere. Die großen Flügel glitzerten und funkelten nur so. Alle Engel trugen einen langen Rock und ein Krönchen auf dem Kopf. Aber keiner von ihnen hatte Arme. Wahrscheinlich braucht man die nicht, wenn man ein Engel ist und fliegen kann. Auch die Zwetschgenmänner gefielen mir sehr, und erst recht die bunt lackierten Nussknacker und die Räuchermännchen aus Holz, ebenso wie die Strohsterne, die Goldnüsse, die vielen, zerbrechlichen Christbaumkugeln und die süßen Sachen, allen voran der Lebkuchen, die Printen und der Stollen mit dem weißen Zuckerstaub darauf. Wie herrlich waren die Weihnachtspyramiden und die unzähligen Krippenfiguren! Ich wusste gar nicht, wohin ich zuerst

meine Augen lenken sollte inmitten dieser Pracht. Es war sehr kalt, so dass es ordentlich in die Wangen zwickte und die warm verpackten Füße doch allmählich kalt wurden. Ganz hoch, fast im Himmel, standen plötzlich Turmbläser. *Vom Himmel hoch ...* erklang es feierlich und schwebte über das Häusermeer und die Köpfe der Menschen. Mir war sehr weihnachtlich zumute. Manchmal, wenn sie das Sternenlicht traf, blitzten die großen Instrumente für einen Augenblick lang golden hell auf. Durch stille Straßen gingen wir nach Hause. An den Rändern lag der Schnee hoch aufgetürmt. Oben war er bereits hässlich schmutzig geworden. Vom Weihnachtsmarkt schleppten viele Leute einen Tannenbaum auf den Schultern heim. Unser Baum war schon lange da. Er stand gehütet und geschützt auf unserem Balkon vor der Küche. Jeden Tag sah ich nach, ob er noch da war. Ich wusste, dass mein Vater ihn bald zurichten und in den Baumständer einpassen würde. Die Zweige, die dabei vom Baum entfernt wurden, kamen ins Feuer. Dann roch die ganze Wohnung wie ein Tannenwald. Wir hatten immer als erste in der Nachbarschaft einen Weihnachtsbaum. Und das aus gutem Grund! Einmal vor Weihnachten nämlich passierte etwas Fürchterliches: Es waren nicht ausreichend viele Weihnachtsbäume im Angebot. Als mein Vater das bemerkte, war es schon zu spät. Er konnte keinen Baum mehr bekommen. Zumindest nicht in unserer Nähe. Als ich das mitbekam, konnte ich mich gar nicht mehr beruhigen. Die Tränen flossen nur so. Mein Vater machte sich auf den Weg und klapperte in der Stadt alle möglichen Märkte und Verkaufsstellen ab. Ohne Erfolg. Weil ich so traurig war, bot er einen enorm hohen Preis für einen Weihnachtsbaum. Aber auch das nützte nichts, denn alle Bäume, die er sah und kaufen wollte, waren bereits verkauft und warteten nur auf ihre Abholung. Es endete damit, dass es meinem Vater wenigstens gelang, einige sehr große Tannenzweige zu ergattern. Meine Eltern gaben sich die größte Mühe, sie besonders schön zu schmücken, aber für mich wurde diese baumlose Weihnacht die traurigste, die ich je erlebte. Sie blieb einmalig.

Ich kann mich an nichts anderes erinnern, was mir in der Weihnachtszeit so sehr auf die Nerven gegangen wäre wie der Sauberkeitswahn meiner Mutter. Er fand seinen unausweichlichen

Niederschlag in einer familiären Veranstaltung namens Weihnachtsputz. Zugegeben, dieses Großreinemachen war nur ein Abklatsch dessen, was einige Monate später als Frühjahrsputz anberaumt wurde, aber es war anstrengend genug, unserer Meinung nach total überflüssig und absolut unbeliebt. Ich sehe mich noch heute im tief gekühlten Badezimmer auf den Knien mit einer Bürste die Fußleisten abschrubben. Hellblau waren die. Seither mag ich hellblau nicht mehr. In der Küche wurde der Tisch hochkant an die Wand gestellt, damit mein Vater das Sofa vorziehen konnte, hinter dem die Wollmäuse sogleich hervor huschten und so manches lang Vermisste zum Vorschein kam. Ein Segen war, dass es mein Vater wenigstens durchsetzen konnte, dass das Schlafzimmer vom Weihnachtsputz verschont blieb. Die Betten frisch zu beziehen, das ließ sich meine Mutter aber nicht nehmen. Es gab reichlich zu tun! Beim Entfernen der Spinnweben aus allen Ecken, dem Abwaschen aller Türen und Lampen, dem Polieren der Möbel, dem Wischen und Wienern der Böden und manch anderen Aktivitäten konnte jeder seinen Frust gründlich abarbeiten. Nur der Frost verhinderte, dass auch noch die Fenster weihnachtsklar gemacht wurden. Zum Schluss stand für mich dann oft noch die Treppenhausreinigung auf dem Plan. Der Steinboden war eiskalt wie das ganze Treppenhaus auch. Es führten gleichviel Treppen zur Haustür vorne als auch zur Tür hinten, nämlich fünf. Das Allerallerschlimmste aber war die Treppenstufe außen vor der Haustür, an deren Seiten alle Hunde der Nachbarschaft fleißig markierend zu pinkeln pflegten. Da musste mit dem Schrubber geschwind gewirkt und eiligst trocken gewischt werden, damit keine Eisschicht entstand. Meinen Widerwillen milderte einzig die Vorstellung, dass mein kleiner Bruder in einiger Zeit diese Fron würde mit mir teilen müssen. Auf Befragen hatte meine Mutter nämlich geäußert, sie sähe keinen Hinderungsgrund dafür, dass auch ein Junge zu dieser Arbeit herangezogen werde. Putzen sei keineswegs eine spezifisch weibliche Verrichtung. Als mein Bruder dann im putzfähigen Alter war, rührte mich sein Ungeschick derart, dass ich ihm oft die Säuberung abnahm, ihm zumindest aber half. Mein Vater nannte das wohlwollend geschwisterliche Liebe. Es gab noch etwas, was gleich anstrengend und eklig war: das Herausstellen der Mülltonnen. Sie standen hinter dem Haus und mussten für den Tag des Leerens über die beschriebenen Treppen gehievt, gerollt, gezogen, geschoben und irgendwie vor das Haus bugsiert werden. Die Treppenhausreinigung fand alle 14 Tage statt, weil es zwei Parteien im Parterre gab. Im Vergleich zu den übrigen Hausbewohnern hatten die unten Wohnenden sehr schlechte Karten, denn die oben drüber scherten sich wenig um das, was sie unten hinterließen. Etwa die nassen, schmutzigen Tapsen nicht an der Matte abgestreifter Schuhe oder die Spuren von schneematschigen Fahrradreifen auf den Steinen. Nach und nach ermittelte ich alle Übeltäter und nahm sie ins Gebet. Es gelang mir, alle zu erziehen, bis auf einen. Das war unser ewig Streifen ziehender Radler, ausgerechnet der hochnäsige Willi, Renates Bruder. Der schien nicht einem einzigen Argument zugänglich zu sein. „Ist das mein Problem?“, fragte er schnippisch. Schließlich war ich es leid und lauerte auf die Gunst des Augenblicks. Sie kam. Willi hatte sein Fahrrad hinter dem Haus kurz abgestellt. Ich sorgte dafür, dass seine Fahrt auf Reifen platt wie eine Flunder enden musste. Der schlaue Willi vermutete mich zwar sofort hinter der Sache, aber er hatte keinen Beweis. Es gab eine späte Rache für ihn, als meine Eltern ausgerechnet ihn anheuerten, um mir in Englisch Nachhilfe zu erteilen. Gleich meine erste schriftliche Übung, die ich ihm liefern musste, verwandelte er in ein blutrotes Schlachtfeld und meinte süffisant, es wäre rühmlich, wenn ich englische Rechtschreibung ebenso gut beherrschen würde, wie das Öffnen von Ventilen an fremder Leute Fahrradreifen.

Nun war alles blank. An meinem Adventskalender standen schon viele Türchen offen.

Hinter jedem war ein kleines Bild. Ich war sehr neugierig, was sich hinter dem großen Tor mit der 24 drauf befand. Die Neugierde plagte mich eigentlich ständig und heftig, in diesem Fall aber besonders. Ein paar Mal war ich drauf und dran, ihr nachzugeben. Aber dann stellte ich mir vor, dass ich wahrscheinlich vom Christkind dafür bestraft würde, womöglich durch Entzug aller Geschenke. Als mir das in den Sinn kam, war meine Angst vor Verlust so groß, dass sie meine Neugierde um Längen schlug. Meine Finger blieben eisern der 24 fern. Mein Advents-

kalender hing so an der Wand, dass ich ihn vom Bett aus gut betrachten konnte. Es waren darauf zwei Kinder abgebildet. Der Junge trug eine dicke Jacke und eine Pudelmütze mit einer dicken Bommel oben drauf. Das Mädchen neben ihm steckte in einem Wintermantel und hatte eine Mütze auf, die unter dem Kinn mit einem Band gebunden war. Seine Hände waren in einem Muff verschwunden. Der sah so ähnlich aus wie meiner, aber er war lange nicht so schön. Der Junge hatte Handschuhe an und stapfte in hohen Stiefeln mit großem Schritt voran. Hinter sich her zog er einen Schlitten, auf dem Päckchen in buntem Papier gestapelt waren. Im Hintergrund standen reihenweise mit viel Schnee bedeckte Tannen. Auf einigen saßen funkelnde Sterne. Dazwischen lugten zwei Rehe mit großen braunen Augen hervor. Im Vordergrund hoppelte über eine unberührte Schneefläche, auf der es nur so glitzerte und funkelte, ein Hase. Ich fragte mich, wohin die beiden wohl unterwegs wären. Offensichtlich wollten sie jemandem Geschenke bringen. Aber wem? Meine Fantasie machte sich auf die Reise.
Meine Mutter kehrte vom Einkaufen zurück. Als sie Mohn auspackte, wusste ich, was die Stunde geschlagen hatte. Aus Essen machte sich meine Mutter nicht allzu viel. Aber sie hatte zwei Leidenschaften. Zum einen grüne Heringe. Die legte sie in Buttermilch ein und aß später davon so viel, dass sie jedes Mal danach krank war. Ich nannte das einmal despektierlich „überfressen“ und hatte schon eine Kopfnuss weg. Ihre zweite Leidenschaft waren die polnischen Makowki, hierzulande besser als Mohnklöße bekannt. Zubereitet wurden sie bei uns ausreichend für eine ganze Kompanie. Fast alle verfügbaren Schüsseln kamen zum Einsatz. Der Mohn wurde in zwei großen Töpfen mit Milch und Zucker gekocht, ein Berg alter Brötchen geschnitten, die Rosinen eingeweicht, die Mandelblätter bereitgestellt. Dann kamen Brötchen, Rosinen und Mohn lagenweise in die Schüssel und obendrauf Rosinen und Mandeln. Unser Tisch war letztlich zugestellt mit gefüllten Schüsseln. Mit dem Blick eines glorreichen Feldherrn brachte meine Mutter die Schüsseln dann an die dafür vorgesehenen, kühlen Orte, wo sie abgedeckt wurden. Wir Kinder wussten, dass auch diese süße Speise erst Weihnachten angerührt werden durfte. Wir wussten ferner, dass mit dem

eifrigen Leeren der Schüsseln unser aller Körpergewicht bedrohlich in die Höhe schießen würde. Daran änderte die großzügige Vergabe der einen oder anderen Schüssel an gute Freunde absolut nichts.

Jetzt stand Weihnachten wirklich vor der Tür! Die Weihnachtsaufführung in der Schule war ein voller Erfolg. Mit vielen guten Wünschen für das Fest verabschiedeten sich alle voneinander: Schüler von Lehrern, Eltern von Lehrern, Schulkameraden voneinander. Schöner konnte die Einstimmung auf das Fest nicht sein! Daheim warf ich einen begehrlichen Blick auf die 24 am Kalender. Sie war jetzt zum Greifen nah. Und gerade in diesem Moment fällt mir ein ganz besonderes Weihnachtsfest ein. Ich war noch sehr klein: Es sollte diesmal etwas ganz Köstliches zum Fest geben. Einen Gänsebraten. Mein Vater hatte ein Federtier organisiert, und in diesem besonderen Fall reklamierte er die Küchenarbeit für sich. „Weihnachtsgeflügel ist Männersache!"

Am Abend des 23. Dezember ging mein Vater ans Werk. Er legte das dralle Tier, nachdem er es von allen Seiten gründlich gewaschen und trocken getupft hatte, mit dem Rücken auf unseren großen Küchentisch und entnahm ihm alles, was sich in der Bauchhöhle befand. Der lange Hals kam zur Seite. Er sollte eine feine Suppe abgeben. Die Gans wurde von außen und innen gesalzen. Pfeffer und weitere Gewürze standen griffbereit. Auch eine Schüssel mit vielen Apfelstücken sowie Nähgarn und eine große Nadel, mit der später der gefüllte Bauch zugenäht werden konnte. Ich saß auf einem Stuhl in der Ecke hinter der Küchentür, meine Puppe Christiane auf dem Schoß, und schaute der Prozedur aufmerksam zu. Gerade war mein Vater dabei, die Äpfel in den Gänsebauch zu füllen, da ging plötzlich das Licht aus. Mein Vater stieß ein Wort aus, das zu sagen uns Kindern verboten war. Ohne Strom waren wir öfter mal. In der Regel war dann nur die Sicherung rausgesprungen. Der Sicherungskasten befand sich im Vorplatz. In der Dunkelheit hörte ich etwas fallen. Dann fühlte ich eine Hand. Mein Vater suchte wohl tastend nach der Küchentür. Dabei passierte es: Er stieß Christiane von meinem Schoß. Das Klirren, das zu hören war, als der Puppenkopf auf dem Steinboden in Stücke zerschlug, war entsetzlich, so entsetzlich, dass ich wie erstarrt dasaß. Auch noch, als mein

Vater bereits eine neue Sicherung eingeschraubt hatte und das Licht wieder an war. Ich konnte nicht weinen. Ich schaute nur zu Boden, wo meine Christiane lag, umgeben von Teilen, die einmal ihr wunderschöner Kopf gewesen waren. Meine Mutter kam herein. Als sie sah, was geschehen war, schlug sie entsetzt die Hände vor den Mund, aus dem so etwas wie ein Stöhnen drang. Mein Vater hob mich vom Stuhl in seine Arme. Jetzt brach in einer Flut von Tränen mein ganzer, großer Kummer hervor. Keiner sprach. Ich beobachtete, wie meine Mutter die Bruchstücke aufhob und behutsam auf das Sofa legte. Ein Puppenauge war so weit unter den Küchenschrank gerollt, dass sie den Besen nahm, um es damit hervor zu holen. Natürlich traf meinen Vater keine Schuld an dem Unglück. Es war aus Versehen passiert. Aber diese Tatsache milderte meinen Schmerz nicht. „Komm mal mit!“, sagte meine Mutter. „Vati muss sich trotz allem weiter um die Gans kümmern“. Ich wurde auf dem Boden abgesetzt und folgte meiner Mutter. „Ich verspreche dir, dass deine Christiane wieder einen genau so schönen Kopf bekommt, wie sie einen hatte. Aber das wird etwas dauern, denn der Puppendoktor arbeitet an Weihnachten nicht.“ Wenn meine Mutter etwas versprach, dann hielt sie es auch. Deshalb trösteten mich diese Worte ein wenig. Meine Tränen versiegten. Aber sie kamen wieder, als ich an diesem Abend mit meiner schwer beschädigten Lieblingspuppe im Bett lag. Es sollte dann sehr lange dauern, bis Puppe Christiane wieder heil war. Es kostete den Puppendoktor sehr viel Mühe, einen Kopf wie den zerschlagenen zu bekommen.

Der längste Tag des Jahres ist der 24. Dezember. Auf alle Fälle für Kinder. Die Gans war vorgebraten und kaltgestellt. Es roch bei uns schon köstlich nach Gänsebraten. Die Ecke auf dem Balkon, wo lange Zeit der Weihnachtsbaum gestanden hatte, war leer, die Tür zum Wohnzimmer verschlossen. Gleich am Morgen öffnete ich an meinem Adventskalender die große Tür mit der 24 darauf. Endlich! Dahinter hatte sich ein wunderschöner Engel verborgen. Oder handelte es sich gar um das Christkind? Ich war mir da nicht sicher, entschied mich aber für Engel, weil es einen so ähnlichen in einem meiner Bücher gab. Und noch einen zweiten daneben. Die beiden schwebten am Himmel und hielten ein

Band, auf dem Hosianna stand. Immer wieder schaute ich auf die Uhr an der Wand in der Küche. Aber der große Zeiger war jedes Mal nur ein winziges Stück weiter gerückt. Der kleine Zeiger schien sogar fest zu stehen. Frühestens gegen vier Uhr am Nachmittag würde es anfangen zu dunkeln. Erst dann war mit der Ankunft des Christkinds zu rechnen. Allerlei Spielzeug holte ich hervor, konnte damit heute aber gar nichts anfangen. Ich zog alle meine Puppen neu an und betrachtete mir die Bilder im Struwwelpeter-Buch. Meine Mutter war in der Küche sehr beschäftigt. Mein Vater war nirgendwo zu sehen. Es schellte. Ich flitzte zur Tür und machte auf. Da stand unser Postbote. „Ist deine Mutti nicht da?“, fragte er. Sie kam schon und wischte sich die Hände an der Schürze ab. „Eine gesegnete Weihnacht und ein gesundes neues Jahr wünsche ich“, sagte unser Briefträger und streckte dabei die Hand aus. „Dasselbe wünschen wir Ihnen“, antwortete meine Mutter, reichte ihm die Hand, zog dann aus der Tasche ihrer Schürze ein Päckchen und gab es ihm. Der Schornsteinfeger hatte uns bereits vor einigen Tagen frohe Weihnachten und ein gesundes, neues Jahr gewünscht, wobei seine Augen aus dem schwarzen Gesicht nur so blitzten, und auch zwei der Müllmänner waren da gewesen. Sie schenkten uns einen großen Kalender. Meine Mutter hatte für alle ein Päckchen vorbereitet. Ich fand es sehr schön, dass uns so viele Menschen ein schönes Fest und Glück im neuen Jahr wünschten. Mein Vater kam aus dem Wohnzimmer und schloss hinter sich ab. „Alles bereit“, sagte er zu meiner Mutter. „Ich ziehe mich jetzt um. Danach gehe ich mit der Kleinen den Weihnachtsstern suchen.“ Und an mich gerichtet: „Es dauert jetzt bestimmt nicht mehr lang. Mach dich schön für das Christkind!“ So gern und so schnell folgte ich selten. Als mein Vater fertig war, steckte mich meine Mutter in meine dicke Winterjacke. Ich stieg in meine Stiefel. Es fehlten nur noch Mütze, Schal und natürlich mein Muff. Eisige Luft empfing uns, als wir aus dem Haus traten. „Brrrr“, machte mein Vater. „Da müssen wir aber zügig marschieren, sonst frieren wir fest!“ Er nahm meine Hand fest in seine. Wir verließen unsere Straße und entfernten uns von den Häusern. Das Laufen in dem hohen Schnee fiel mir schwer. Mein Vater merkte das. „Wir gehen nur noch bis an den Rand der Felder, da können wir den Weihnachtsstern vielleicht sehen!“ Aber der Himmel war voller Schneewolken. Sie verdeckten nicht nur den Weihnachtsstern, sondern auch alle anderen Sterne. „Schade!“, sagte mein Vater, „dass sich der Weihnachtsstern heute versteckt hat. Aber Schnee zu Weihnachten ist auch schön!“ Als wir nach Hause kamen, war meine Mutter festlich gekleidet. Der Tisch in der Küche trug eine weiße Decke. Wie immer gab es Kartoffelsalat und Fisch. Auf dem Tisch standen Salz, Brot und eine weiße Kerze, die für alle unsere verstorbenen Lieben angezündet wurde. Als wir saßen, schlug mein Vater die Heilige Schrift auf und begann zu lesen: „Es begab sich aber zu jener Zeit...“

Ich konnte keinen Bissen herunter kriegen, so aufgeregt war ich. „Willi, schau doch mal nach, ob das Christkind schon da war“, sagte meine Mutter, die meine Pein sah. Ihre Worte kamen für mich einer Erlösung gleich. Es dauerte nicht lange, bis das Weihnachtsglöckchen rief. Ich stürmte ins Wohnzimmer. Wie gebannt blieb ich vor unserem Christbaum stehen. Er war so wunderbar im Schein seiner aufgesteckten, roten Kerzen, geschmückt mit vielen, blinkenden, silbernen Kugeln, hellen Strohsternen, süßer Kringeln und herabfließendem Engelshaar. Von Mutters Musiktruhe klang es: „Ihr Kinderlein kommet, oh kommet doch all.“ Ich war in diesem Moment ganz sicher, nirgendwo auf der Welt könnte es jetzt schöner sein als bei uns, und dieses Gefühl nahm mir fast den Atem. Dann aber ging es ans Auspacken der Geschenke. Einige Jahre später wurde alles noch schöner. Ich hatte jetzt einen Bruder. Mit ihm teilte ich vieles: die Liebe meiner Eltern, dann das Zimmer, die Süßigkeiten, viele Geheimnisse und alle Feste. Nun war ich die Große. Auch die Klügere. Sofort sicherte ich mir die Vormundschaft über Michael. Damit war Geschwister-Streit vorprogrammiert.

Am nächsten Morgen gingen wir in unserer Kirche das Christkind besuchen. In einem Seitenschiff war jedes Jahr der Stall von Bethlehem aufgebaut. Maria stand neben der Krippe. Sie trug ein strahlend blaues langes Kleid. Ihr Kopf war mit einem Schleier bedeckt und von einem Heiligenschein umgeben. Auch Josef auf der anderen Seite trug einen Heiligenschein. Ebenso das Kind auf seinem Strohlager. Ich hätte weinen mögen, wenn ich es, nackt und nur mit einem weißen Lendenschurz bedeckt, auf dem Stroh liegen sah. Wie musste dieses Stroh es pieken, und wie kalt musste ihm sein! Die Hirten drum herum hatten tief die Knie gebeugt. Ihre Tiere warteten demütig am Rand des Stalles. Hell leuchtete über allen der Stern von Bethlehem. Wir Kinder knieten ehrfürchtig auf einem Bänkchen vor der Szenerie. Ich musste immer wieder das Jesuskind anschauen. Es hatte rosige Pausbäckchen und schien sehr zufrieden zu sein. Je länger ich es anschaute, um so mehr deuchte es mir, als lächelte es genau mich an.

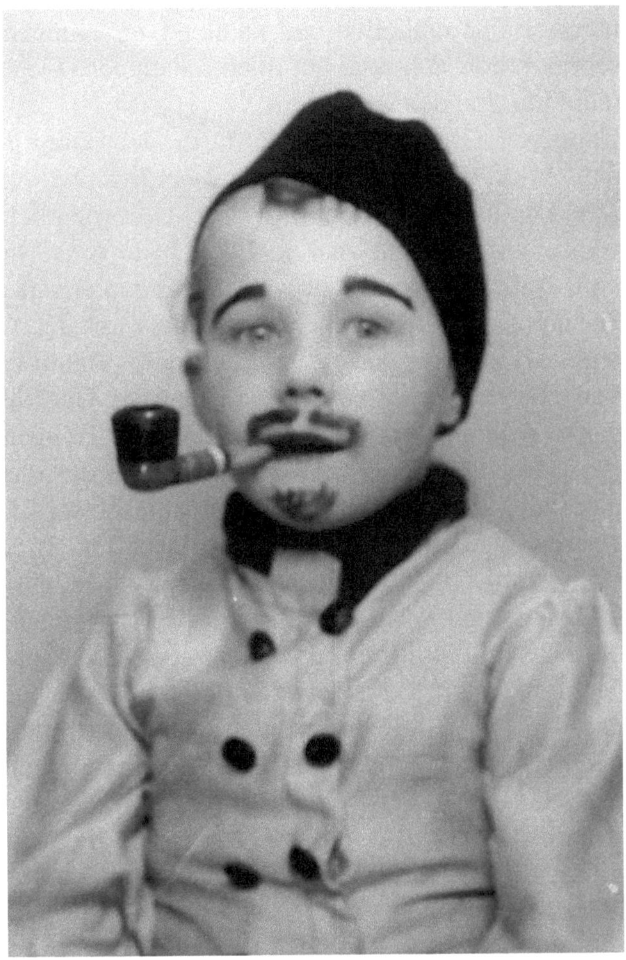

Fassenacht

So langsam wie Weihnachten gekommen war, so schnell war es wieder vorbei. Zwischen den Jahren erschienen viele Besucher, und auch wir besuchten Freunde und Verwandte. An die Jahreswechsel in meiner frühen Kindheit kann ich mich nicht mehr erinnern. Ich vermute deshalb, dass ich sie im Traumland verbrachte. Hingegen kann ich mich noch sehr gut an die schrecklichen, giftgrünen Knallfrösche erinnern, die kurz vor Silvester die Jungen in unserem Viertel überall hinter mir her warfen. Ich war ihr bevorzugtes Opfer, weil ich mich vor den Dingern so sehr fürchtete. Sie hüpften auf dem Boden hinter mir her, bis sie meine Beine einholten und knallend zersprangen. Während ich schrie, erhob sich rund um mich schallendes Gelächter. Das kam nicht nur von den Übeltätern!

Dann war Dreikönigstag. Da durfte der Baum geplündert werden. Alles, was Essbares in den Zweigen hing, pflückten wir ab. Der Schmuck wurde entfernt und kam ordentlich in die Aufbewahrungsschachteln zurück. Dann löste mein Vater die Kordel vom Haken an der Decke, mit der er den Baum gesichert hatte. Danach trug er die Tanne samt Ständer aus der Wohnung. Trotz aller Achtsamkeit dabei hinterließ unser Baum eine breite Spur von Nadeln auf seinem Abschiedsweg. Der führte durch die ganze Wohnung und auch noch durch das Treppenhaus bis hinter das Haus. Die Ecke im Wohnzimmer, in der unser Christbaum gestanden hatte, wirkte jetzt sehr kahl, obwohl alles, was weggerückt worden war, um Platz zu schaffen, wieder zurück gestellt wurde. Gegen Abend kamen die Königssinger ins Haus und schrieben mit weißer Kreide C+M+B sowie die Jahreszahl an unseren Türpfosten. Ich erkannte sofort Kurt Müller in dem Mohrenkostüm, besonders sein Gesicht unter der braunen Tünche. Kurti, wie wir ihn nannten, war sehr fromm und schon so lange Messdiener, dass es mir vorkam, als sei er bereits als Messdiener geboren worden. Niemand traute ihm irgendwelche Unarten zu. Er war hilfsbereit und ausgleichend, einfach ein menschliches Vorbild. Nach seinem Schulabschluss ging er in ein Priesterseminar. Ob er dann die Weihen erhielt, weiß ich

nicht. Ich bin Kurti in meinem weiteren Leben nicht mehr begegnet.
Der Januar zeigte sich meist mit viel Schnee und Kälte. Ich fand den ersten Monat im Jahr richtig langweilig, weil so wenig passierte, bis auf eines: die Tage wurden nun merklich länger. Mein Augenmerk war bereits auf den nächsten Monat gerichtet. Für den Februar hatte sowohl meine Mutter als auch ich eine Vorliebe, wenn auch aus unterschiedlichen Gründen. Während es meine Mutter freute, dass er so wenige Tage hatte, was ihr Monatsbudget schonte, freute ich mich auf die närrische Zeit. Die Fassenacht war jedes Jahr für uns Kinder ein ganz großes Thema. Das hieß: verkleiden. Lange schon steckten wir die Köpfe zusammen, um zu beratschlagen, in welches Kostüm wir schlüpfen könnten. Die Standardfrage hieß daher: „Als was gehst denn du?“ Ganze Familien wurden mobilisiert, um an der Verkleidung mit Rat und Tat mitzuwirken. Ich war im Glück, weil es Tante Heidel gab, deren Nähmaschine fleißig ratterte, um ihren beiden Kindern, mir und später auch meinem Bruder ein Kostüm zu fertigen. Ferner übernahm sie mit Freude die Bemalung der kleinen Karnevalisten in einer Art, die schon als professionell bezeichnet werden durfte. Mir ist ein altes Foto erhalten geblieben, das mich als feschen Holländer zeigt. Mit echter Pfeife. Es wurde uns Schülern erlaubt, in der närrischen Zeit maskiert zum Unterricht zu kommen. Der Rosenmontag war schulfrei. Es gab Fassenachts-Veranstaltungen für Kinder mit lustigen Spielen, Clownerie, Polonaise und ordentlich Rambazamba. Das schönste Kostüm wurde gewählt und prämiert. Ich meine, es wurde Eintritt erhoben. Horden von Halbwüchsigen in verwegener Bemalung tobten Arm in Arm in langen Reihen durch die Straßen. Ihr Schlachtruf: „Zickzacke, Zickezacke, hoi, hoi, hoi!“, war ansteckend und daher sofort auch in unser aller Mund. Es gab Umzüge. Viele. Selbst in unserem Viertel zog einer durch die Straßen. Das alles war natürlich kein Vergleich zu dem tollen Treiben im benachbarten Mainz. Dort gingen die Narren gleich in Hundertschaften auf die Straßen, und die Eisenbahn schaffte dampfend scharenweise auswärtige Schaulustige heran. In Mainz herrschte an den drei tollen Tagen absoluter Ausnahmezustand. Überall. Die Arbeit ruhte, es wurde

nur geschunkelt, gesungen und gefeiert. Mein Vater, der in einem Anfall von Wahn einmal versuchte, einen Mainzer Angestellten telefonisch in einer dringenden Angelegenheit zu erreichen, geriet nur an einen lallenden Pförtner, der offensichtlich abkommandiert war, irgendwie die Stellung zu halten und der dabei außerordentlich lustig war. Den großen Meenzer Umzug hatte meine Mutter für uns zum Tabu erklärt, nachdem dort ein Unfall geschehen war: Von den Wagen wurden immer Bonbons in die Menge geworfen. Die Kinder am Straßenrand versuchten sie zu erhaschen und balgten sich darum. Dabei geriet unglücklicherweise ein Junge unter ein Rad des vorbeiziehenden Wagens und wurde verletzt. Fortan gab es für uns keine Reise mehr ins benachbarte Mainz. Ich war deswegen nicht allzu traurig, denn wir hatten in unserer Umgebung närrischen Umtrieb genug. Am Aschermittwoch war ausgefeiert und die Schminke abgewaschen. Unser Pfarrer hielt einen Tiegel in den Händen, worein er immer wieder seinen rechten Daumen tauchte, um danach jedem Kind aus der Warteschlange ein Kreuz auf die Stirn zu zeichnen, während er murmelte: „Gedenke, o Mensch, dass du aus Staub bist und zu Staub zurückkehrst.“ Eine neue Fastenzeit wurde eingeläutet.

Durch die emsig strickenden Finger meiner Mutter schlängelte sich weiße Wolle. Im Korb entdeckte ich einige, neue Knäuel in lindgrün und hellblau. Oh nein, hellblau! Als hätte sie meine Gedanken erraten, meinte meine Mutter so neben hin: „Keine Angst, wird nichts für dich!“ Für mich nahm sie die Wolle in Flieder, aufgeribbelt natürlich. Die Farbe hatte ich an irgendeinem Strickteil schon einmal gesehen. Aber es wollte mir partout nicht einfallen, wo. Unermüdlich marterte ich mein Gedächtnis. Plötzlich erinnerte ich mich dann an einen Abend im vergangenen Herbst. Jetzt sah ich es wieder ganz deutlich vor mir: Tante Heidel saß neben meiner Mutter auf einer Parkbank. Sie hatte um die Schultern ein großes Dreieck-Tuch aus Wolle, auf das hier und da eine Holzperle genäht war. Fliederfarbig war es. Dazu trug sie einen giftgrünen Hut mit einer schwarzen, langen Feder. Die tanzte zu ihrem Redefluss wie wild auf und ab und hin und her. Manche Vorübergehenden kicherten. Ich auch. Da fing ich einen warnenden Blick aus den Augen meiner Mutter auf. Bald würde ich vermutlich das Wolltuch in veränderter Form an meinem Oberkörper tragen. Mit ziemlicher Sicherheit ab Ostern, wenn es die neue Kleidung für die kommenden Monate gab. Ich dankte dennoch dem Himmel, dass ich wenigstens nicht in Hellblau herumlaufen musste!

Wer auf den Gedanken gekommen war, weiß ich nicht mehr. Auf jeden Fall hatten wir mit einem Mal einen tollen Zeitvertreib. Wasser aus einer Kanne wurde auf die Straße geschüttet. Es floss herab und gefror in der Kälte fast im Handumdrehen zu Eis, besser: zu einer Eisbahn. Dann ging es los! Anlauf nehmen und auf dieser Rutschbahn möglichst weit unfallfrei schlittern. Das neue Vergnügen sprach sich in Windeseile herum. Bald strömten von allen Seiten Kinder herbei und stellten sich am Start unserer Schlitterbahn an. Hatten wir Spaß! Unser Schreien, Lachen und Johlen muss wohl weit zu hören gewesen sein. Das rief einige Erwachsene auf den Plan. „Kinder, das geht aber nicht“, sagte einer von ihnen. „Da könnte jemand schwer stürzen.“ Nach diesen Worten ging er davon. Wir meinten, mit dieser Ermahnung sei die Sache erledigt. Weit gefehlt. Der Mann kehrte zurück. Er hatte einen Aschenkasten bei sich. Der war ordentlich voll. „Alle weg da!“, sagte er, und dann schüttete er staubend die Asche auf unsere schöne Schlitterbahn. Wir hätten ihn ...! „Dass ihr mir nicht auf den Gedanken kommt, das noch einmal zu machen!“ Er klopfte, während er das sagte, heftig auf die Rückseite des umgedrehten Aschenkübels, um auch noch den letzten Rest Asche heraus zu schütteln und um seinen Worten Nachdruck zu verleihen. Wir legten natürlich eine neue Eisbahn an, allerdings abseits der Häuser, wo allenfalls Hasen unterwegs sein konnten. Aber da war leider kaum Gefälle. Die Sache machte keine rechte Freude mehr. Alles erledigte sich ohnedies von selbst. Tags darauf stiegen die Temperaturen, und unsere Eisbahn verwandelte sich zusehends in eine hässliche Matschbahn.

Der Scherenschleifer

Mutter bereitete das Mittagessen. „Ich weiß gar nicht, wo der Scherenschleifer bleibt!“ murmelte sie und legte ein Messer, auf dessen Schneide der Teufel wohl gut reiten konnte, zur Seite. Dann fing sie auf einmal an, alle verfügbaren Messer und Scheren zu sortieren. In scharfe und stumpfe. Als sei er gerufen worden, erschien kurz darauf der Scherenschleifer. Es war so seine Zeit, und die traf meist zusammen mit der Ansage des von uns Kindern gefürchteten und gehassten Frühjahrsputzes. Der Scherenschleifer klingelte bei allen Leuten im Haus gleichzeitig Sturm und brüllte dann ins Treppenhaus. „Der Scherenschleifer ist da!“ Der Mann bediente uns schon seit vielen Jahren. Er ging von Haustür zu Haustür und sammelte ein, was zu schärfen war. Das nahm er alles mit und brachte es einige Tage später bearbeitet zurück. Wie er auseinander hielt, wem was gehörte, konnte ich mir nie erklären. Aber er lieferte immer alles richtig an die jeweiligen Haushalte zurück. Die Leute wussten zu berichten, dass der Scherenschleifer unweit von unserer Schule eine kleine Werkstatt habe. Er bot seine Dienste in der ganzen Stadt an und war sehr fleißig. Deshalb konnte er seine Familie von dem Erlös seiner Arbeit gut ernähren. Mein Vater erzählte mir einmal, dass er als Kind oft beim Schleifen der Messer zugesehen habe. Damals kam der Scherenschleifer mit einem Holzwagen, in dem der große Walzenstein halb im Wasser stand, noch vor die Häuser und in die Höfe und erledigte seine Arbeit vor Ort. Während er mit einem Fuß-Pedal den Schleifstein antrieb, hielt er mit der rechten Hand die Schneide des Messers über den drehenden Stein, dass die Funken nur so stoben. Das Geräusch, das dabei entstand, sei so schlimm gewesen, dass einem die Zähne davon schmerzten. Manche Scherenschleifer hätten ein Äffchen dabei gehabt, um auf diese Weise Kunden anzulocken. „Jetzt weißt du, warum es heißt: Er sitzt wie ein Affe auf dem Schleifstein“, schloss mein Vater.

Noch einer ging manchmal durch unsere Straßen. Es war ein dünner, alter Mann, der einen Handkarren mit großen Eisen beschlagenen, laut scheppernden Rädern hinter sich her zog und dabei fortwährend eine große Glocke schwang. „Lumpen, Alteisen, Papier!“, rief er dazu ein ums andere Mal. Die Hausbewohner hatten bereits Sachen für ihn bereitgelegt, Ausrangiertes, das nicht mehr viel taugte, aber für die Mülltonne zu schade war. Aber dann kam der Alte nicht mehr. Wir brachten Lumpen, Alteisen und Papier nun zu einem Händler an der Hauptstraße, wo der sein Sammellager hatte. Dort befand sich auch eine große Standwaage aus Holz, auf der er das Angelieferte genau auswog. Danach gab es ein wenig Geld, je nach Menge und Wert. Ich war immer sehr dienstbeflissen, wenn es darum ging, unsere alten Sachen zu entsorgen. Zur Belohnung durfte ich nämlich behalten, was gegeben wurde. Es war mir aber nie ganz geheuer bei diesem Altwarenhändler. Er war ein schmuddeliger Mann, und wenn er dröhnend lachte, sah man in seinem Mund viele gelbe, schief stehende Zähne. Einmal fand ich auf der Straße vor dem Tor zu dem Lager verstreut eine Menge Münzen am Boden. So flink wie mit dem Einsammeln hier, war ich noch nie gewesen. Wer das Geld verloren und achtlos liegen gelassen hatte, konnte ich mir nicht erklären. Dem Altwarenhändler gehörte es auf jeden Fall nicht, denn es lag ja vor seinem Tor. Als ich nach Hause ging, war ich sehr beschwingt und sehr reich! Die Münzen, die nacheinander in mein Sparschwein klapperten, hatten den Wert von etwas mehr als einer Mark. Als ich älter war, erfuhr ich, dass dieser Altwarenhändler sehr wohlhabend geworden sei.

Frühling

Unsere Wohnung war jetzt blitzblank! Der Teppich im Wohnzimmer sah aus wie neu. Mein Vater hatte ihn eines schönen Tages zusammengerollt und zur Teppichstange hinter dem Haus getragen. Die Stange benutzten wir Kinder regelmäßig als Turnstange. Ich schaffte unter dem Knie eingehängt daran mittlerweile 20 bis 25 Überschläge ohne Pause. Es gab Spielkameraden, die waren weit besser. Nun hatte unser Teppich seinen großen Auftritt an der Stange. Mein Vater schwang den Ausklopfer kräftig und lang, bis meine Mutter aus dem Fenster rief: „Genug!"

Dann lag der Teppich ausgebreitet auf dem Rasen und meine Mutter bearbeitete ihn mit Seifenlauge, in die sie etwas Essig gegeben hatte, und einer Bürste. Sie achtete dabei peinlich genau darauf, dass er nicht nass wurde. „Nur feucht, nebelfeucht!" hatte sie zu mir gesagt. „Merk' dir das!" Und abermals kam der Teppich über die Stange. Dort hing er, bis die Sonne unterging. Meine Mutter fühlte mit dem Handrücken, ob er trocken genug sei, um wieder im Wohnzimmer ausgelegt zu werden. Während der Teppich draußen war, hatten wir alle Möbel zusammengerückt. Dann brachte meine Mutter den Boden auf Hochglanz. Das Auffrischen der Möbel war wie immer meine Arbeit. Nun lag der Teppich ordentlich an seinem angestammten Platz und bedankte sich für die Reinigung mit neuer Leuchtkraft. Zum Schluss kamen die Möbel zurück an ihren Platz. Meine Mutter stand nun selbstgefällig an der Tür und ließ ihren Blick wohlwollend über unsere aufgefrischte gute Stube schweifen. Ostern rückte näher. Die Osterferien auch. Mit ihnen verbunden war die Vergabe der Zeugnisse. Mir verursachte der Gedanke daran kein Unbehagen. Ich konnte sicher sein, glatt versetzt zu werden. Bei einigen in der Klasse war das nicht so. Diejenigen, die eine Klasse wiederholen mussten, hatten es schwer. Zu ihrem Kummer, in dem Schuljahr versagt zu haben, kam die Schmach hinzu, die sie durch Spott erleiden mussten. „Sitzenbleiber! Sitzenbleiber!", wurde so laut hinter ihnen her gerufen, dass es jeder, aber wirklich jeder, auf der Straße hören konnte.

Wir hatten einen Brief von Onkel Fred bekommen. Er fragte darin an, ob er uns zu Ostern mit seiner neuen Liebe besuchen dürfe. Meine Mutter geriet sofort in Panik. „Wie stellt er sich das vor?“, fragte sie meinen Vater. „Für ihn hätten wir ja einen Schlafplatz, aber für eine fremde Frau dazu.“ Also stieg mein Vater die Treppen hoch zu dem schwarzen Apparat bei Landlers und rief in Düsseldorf an. „Sie wollen nicht über Nacht bleiben!“, richtete er meiner Mutter aus. Sie war sofort beruhigt. „Er will am Ostermontag spät vormittags eintreffen und abends schon wieder fahren!“ Also gab es bei uns keine Programmänderung. Von Karfreitag bis zum ersten Osterfeiertag lief alles ab wie immer. Während Michael noch eifrig im Gras nach Ostereiern suchte, ersparte meine Mutter mir das. Ich fand ein Osternest für mich auf dem Tisch. Mir war das sehr recht. Ich trug meinen, neuen fliederfarbenen Pullover und weiße Kniestrümpfe mit Lochmuster. Michael bestand darauf, kurze Hosen anzuziehen, weil jetzt Frühling sei. Als hätte sie einer bestellt, schien die Sonne aus allen Knopflöchern. Überall war frisches Grün, und die Forsythien hingen voller gelben Blüten. Im Garten von Opa Nuss standen in Reih' und Glied die Osterglocken. Viele Tiere hatten schon Nachwuchs. Die ganze Welt war wie neu! Und ich meinte, sie roch auch neu. Wie sich das gehört, machten wir alle zusammen einen Osterspaziergang und trafen dabei viele Menschen, die dasselbe taten. Die Kinder hatten ihre neuen Bälle, Dreiräder, Roller, Rollschuhe, Hüpfseile und wer weiß was noch dabei. Hinter manchem Wicht, der erst sehr unsicher laufen konnte, wackelte ein bunt lackiertes Tier am Zugband her. Ich war gespannt, wen Onkel Fred mitbringen würde. Mir fiel die Französin ein, und ich hoffte, dass die Neue genau so lieb und hübsch sein würde. Meine Mutter bereitete gerade das Mittagessen, da schellte es Sturm. „Onkel Fred!“ Michael hatte schon die Wohnungstür aufgerissen, war die Treppen runter gerast und zog die Haustür auf. Onkel Fred bestand aus einem einzigen Strahlen. Mit einem Ruck hob er meinen Bruder vom Boden und schwang ihn in seinen Armen. Dann kam er mit ihm in die Wohnung. Die Begrüßung war herzlich und wieder einmal voll feuchter Küsse. Nun warteten alle gespannt auf die neue Liebe. Onkel Fred tat so, als merke er das nicht, bis meine Mutter fragte: „Wo ist sie denn, Alfred?“ „Wer? Ach, sie!“ Onkel Fred lachte. „Draußen“. „Also, wie kannst du sie nur draußen stehen lassen!“ Mein Vater sagte das mit ehrlicher Entrüstung. „Hol sie rein!“ Onkel Fred grinste. Dieses spitzbübische Grinsen, das ich so gut an ihm kannte. „Na gut, da müsst ihr mir aber helfen“. „Ist sie denn so schüchtern?“, sagte meine Mutter ungläubig und war bereits auf dem Weg nach draußen. Wir alle hinterher. Wir guckten uns suchend nach allen Seiten um. Aber weit und breit war keine Frau zu sehen. „Ja, wo ist sie denn?“ „Dort!“ Wir schauten dem ausgestreckten Finger nach. Aber auch da war niemand. „Gerade ist sie um die Ecke.“ Onkel Fred marschierte los. Bis zur Ecke waren es nur ein paar Schritte. Unser Haus stand als erstes in der Straße. „Da ist sie doch!“ Wir waren schon zur Stelle. Nur ein kleines Auto in einer Farbe wie Eierschalen stand am Straßenrand. Es hatte vorne rechts eine Leuchte ähnliche wie die an meinem Fahrrad, nur größer. Und links hatte es auch so eine Lampe. „Da ist sie doch!“, sagte Onkel Fred noch einmal, und dann begann er schallend zu lachen. Wahrscheinlich, weil wir alle so dumme Gesichter machten. Das also war seine neue Liebe. Eine Isetta. Nagelneu und, wie wir erfuhren, mehr als 2500 D-Mark wert. Ich habe noch ein Bild von dem Fahrzeug, auf dem ich auch zu sehen bin. Auf die Rückseite hat mein Vater geschrieben: Jutta und Isetta vom Onkel 12 PS 1955. Während wir die Neue bestaunten, schlossen sich uns Vorübergehende an. Damals war ein rollender Untersatz noch ein seltener, heiß begehrter, aber für die meisten noch unerschwinglicher Gegenstand. „Zwei Leute passen bequem rein.“ Als Onkel Fred mit einem Griff vorne eine Tür aufmachte, die die ganze Breite einnahm und zur Seite schob, damit wir auf die Sitzbank im Inneren schauen konnten, kamen mir an „bequem“ doch erhebliche Zweifel. Innen hing das Lenkrad und war irgendwie links an der Seite, aber auch an der Innenseite der Tür fest gemacht. Hinten besaß das rollende Ei zwei kleine Räder, die enger zusammen standen als die beiden großen vorne. „Und hier!“, sagte Onkel Fred, während er das Dach in Falten zusammen schob und durch die entstandene Öffnung seinen Kopf steckte, „gibt es immer frische Luft.“ Wir staunten und lachten und staunten. In diesem Augenblick, das wurde mir später klar, hatte sich das Wirtschaftswunder klammheimlich in unsere Familie eingeschlichen. Dann ging es los mit dem Probe fahren. Erst klappte sich mein Vater zusammen und ließ sich hinterrücks auf die Bank neben Onkel Fred plumpsen. Der zog die Vorderteiltür zu. Gleich darauf ratterte es, und das Ei schüttelte sich. Dann setzte es sich in Bewegung und hinterließ eine stinkende Wolke. Meine Mutter wollte lieber erst später mitfahren, wenn überhaupt. „Dann ihr beiden halben Portionen." Michael quetschte sich auf meinen Schoß. Tür zu. Schon ging es los, vorbei an den Gaffern in gemächlichem Tempo. Ich war stolz wie der sprichwörtliche Spanier. Schade, dass keine Schule war! Das hätte einen Auflauf gegeben, wenn ich dort mit Onkel Fred aus dem kleinen Auto gestiegen wäre. Später erhielt dieses Vehikel landesweit einen Namen, der mir sehr gefiel: „Knutschkugel". Es wurde zu einem beliebten Gefährt mit Kultcharakter. Die Straßen begannen sich zusehends mit Autos zu füllen. Ein Renner darauf: der VW Käfer. Im August 1955 lief bereits der Millionste vom Band. Verzeichnete die Statistik im Jahr 1950 gerade mal 700.000 zugelassene Pkw in Deutschland, wuchs die Zahl der Autoeigner innerhalb von nur zehn Jahren auf 8,9 Millionen an. Unsere Familie musste noch lange auf ein Auto warten.

Die 50er Jahre brachten für viele wieder ein gesichertes Auskommen. Man konnte sich schon etwas mehr leisten als nur einen gefüllten Magen. Wir brauchten jetzt nicht mehr zu Landlers schwarzem Kasten hoch zu steigen, um zu telefonieren. Wir hatten nun selbst ein Telefon auf der Flurgarderobe, mit Drehscheibe zum Wählen und einer Klingel, deren Lautstärke sich einstellen ließ. Und einen Gebührenzähler hatten wir auch. Meine Mutter ließ sich eines Tages schöne, teure Dauerwellen machen. Und dann schleppte mein Vater als Überraschung ein absolutes Luxusteil nach Hause. Das lief freilich ziemlich lang auf Raten. Aber nun waren sie endlich auch bei uns daheim zu Gast: Peter Alexander, Peter Frankenfeld, Joachim Kulenkampff, Vico Torriani, Lou van Burg, Robert Lembke und wie sie alle noch hießen. Erraten! Es gab jetzt bei uns im Wohnzimmer ein viereckiges Holzmöbel mit Mattscheibe. Flimmerkiste sagte man auch dazu. Die Bilder waren zwar nur schwarzweiß, aber manche Sendungen so beliebt, dass die Sender heute von solchen Einschaltquoten nur träumen können. Wenn die Erkennungsmelodie von Stahlnetz erklang, waren die Straßen stets wie leergefegt. Die Begehrlichkeiten waren geweckt! Es lockten Staubsauger, Kühlschränke, Waschmaschinen und viele Dinge mehr, die man bislang nicht gebraucht hatte, aber plötzlich unbedingt zu brauchen meinte. So ging es weiter, immer weiter aufwärts… Und ich kam ins Backfischalter.

Epilog

Einst lebte ein König, in dessen Land gab es keine Grenzen, keine Strafen und auch keine Tränen. Besonders die Kinder hatten es gut in diesem Reich, denn der Herrscher hatte verkündet, dass jeder Erwachsene mit Liebe und Rücksicht für das Wohlergehen der Jüngsten zu sorgen hätte. So bauten die Menschen Häuser, in denen alle Kinder genug Platz hatten. Das Lärmen war erlaubt. Es gab so viele Spielplätze, dass es zu wenige Kinder waren, um sie zu füllen. Deshalb holte man Kinder aus aller Welt, damit auch sie in dem sagenhaften Land leben konnten. Es kamen Schwarze, Weiße, Gelbe, Rote, und obwohl so viele unterschiedliche Sprachen gesprochen wurden, verstand doch jeder den anderen. Die Erwachsenen blickten stolz auf die Kinderschar und sagten: "Wie glücklich ist doch unser Land, in dem alle Kinder so friedlich wachsen können."
Eines Tages waren die Kinder groß und die Erwachsenen waren alt. Da sagten die Kinder von einst: "Wie gut, dass sie uns unsere Kindheit so glücklich machten. Nun können wir ihnen von unserer Kraft abgeben, damit ihr Lebensabend genauso glücklich wird, wie es unsere Kindertage waren."
So lebten sie miteinander in Zuneigung, Achtung und Eintracht. Und das Land war überall gepriesen als das Land der Glücklichen. Hätten sie nicht sterben müssen, sie lebten wohl noch heute ohne Grenzen, ohne Verbotsschilder, ohne Tränen und ohne Schwierigkeiten der Verständigung.

ISBN 978-3-938969-12-0